Christine Gruwez

Die Wunde – und das Recht auf Verletzlichkeit
Meditationen zur Zeitlage

CHRISTINE GRUWEZ

Die Wunde

und das Recht auf Verletzlichkeit

Meditationen zur Zeitlage

URACHHAUS

Wir danken Gemma Priess für ihre Unterstützung.

ISBN 978-3-8251-5274-1

3. Auflage 2025
Erschienen im Verlag Urachhaus
Landhausstraße 82 · 70190 Stuttgart
www.urachhaus.de

Auch als eBook erhältlich

Bei Fragen zur Produktsicherheit wenden Sie sich bitte an
info@urachhaus.com

Lektorat: Winfried Stürzl, Stuttgart
Umschlaggestaltung und Satz: Klaus H. Pfeiffer
Druck: Print Best, Viljandi
Printed in Estonia

FSC www.fsc.org MIX Papier | Fördert gute Waldnutzung FSC® C129413

ClimateCalc™ Der CO2-Ausstoß dieses Druckproduktes wurde mit ClimateCalc berechnet und kompensiert: GoClimate www.climatecalc.eu CC-000113/EE

Inhalt

Vorwort

Was bedeutet das Wort »Wunde«? Was ist in diesem Buch mit »Wunde« gemeint? Eine Wunde zerstört dasjenige, was bis zu ihrem Auftreten – sei es auf physischer oder seelischer Ebene (oder auf beiden) – noch heil war. Die Folgen sind eindeutig: Ein Zusammenhang klafft auseinander. Wo immer es einen lebendigen Zusammenhang gibt, kann eine Wunde geschlagen werden. Der Schmerz ist es, der uns sagt, dass wir verwundet worden sind.

Im Rückblick können wir rekonstruieren, wie eine Wunde entstanden ist und welche Ursächlichkeit im Spiel war. Und wenn eine Wunde geheilt wurde, können wir beschreiben, wie dieser Prozess zustande kam, was wir haben tun können, was in unserem Vermögen lag und was nicht. Aber das Mysterium der Wunde bleibt: Sind wir als Menschen aufgrund unseres Wesens verletzlich? Einfach weil wir Menschen sind? Gibt es eine Wunde, noch ehe die erste Verletzung stattgefunden hat? Eine primordiale Wunde? Und wenn ja, wie könnte diese geheilt werden?

Genau diese Fragen waren Thema bei einer internationalen Konferenz für Biografiearbeit, die 2015 in Dresden stattfand – einer am Ende des Zweiten Weltkrieges schwer verwundeten Stadt. Und die Fragen sind aktueller dann je. Denn heute gibt es erneut einen Krieg in Europa: auf einem Kontinent, wo eine Vision von Frieden die Hoffnung hat keimen lassen, dass es möglich sei, Konflikte anders als durch Gewalt zu lösen.

Jeder Krieg ist anders. Wie ein Krieg entsteht, lässt sich aus den bloßen Fakten nicht erklären. Gewiss, Ähnlichkeiten kann man erkennen. Auch eine Kette von Ursachen lässt sich feststellen. Doch gibt es keine Kriege, die identisch wären. Was aber alle Kriege gemeinsam haben, ist die Wunde, die geschlagen wird. Denn ein Krieg ist der Zerstörer schlechthin. Jeder Krieg zerreißt Zusammenhänge. Die dabei entstehende Wunde dehnt sich in Raum und Zeit immer weiter aus, wobei der Schmerz sich über Generationen hinweg erfahren lässt. Millionen von Menschen verlieren ihr Leben und alle verlieren das Lebendige als das Vermögen, Zusammenhang zu stiften.

Die Wunde der Menschheit und die Frage, wie Zeitgenossen sich zu ihrer Wunde verhalten, sind das zentrale Thema dieses Buches. Zeitgenosse wird man erst, wenn man den Schmerz des Verwundetworden-Seins in sich und seinen Mitmenschen anerkennt. Unabhängig von der Epoche, in der man zur Welt gekommen ist. Viele haben Zeugnis davon abgelegt, wie man aus dieser Ohnmacht erneut auferstehen kann. Auch und insbesondere dann, wenn das eigene Leben dabei in Gefahr war.

Unter diesen Zeitgenossen war auch Rudolf Steiner. In den Augusttagen 1914, als der Erste Weltkrieg unmittelbar bevorstand, hielt er drei Vorträge mit dem Titel *Das Geheimnis der Wunde*.[1] An diesem welthistorischen Moment äußerte er sich wiederholt zur Zerstörung und ihrer schmerzhaften Folge – der Verwundung. Aber zugleich auch zu der mit der Wunde verbundenen Kraft der Heilung. Und in den letzten Tagen dieses Krieges weitete er den Blick bis in die Tiefen des Zeitgeschehens und der Frage nach dem Sinn des Bösen. Sie wurde von Steiner als zentral für unsere Epoche verstanden.

Diese Frage wird in dem vorliegenden Buch thematisiert. Denn wenn das Böse in Zukunft geheilt und erlöst werden soll, ist es die Wunde, die die Kraft der Heilung hervorruft. Ohne Wunde keine Kraft zum Heilen. Ohne das Böse keine Erlösungskraft zum Guten.

Christine Gruwez
Antwerpen, Frühjahr 2023

Prolog

Wir alle sind Betroffene. Wir sind betroffen, auf Erden zu leben und die ungeheure Aufgabe durchzuführen, diesen Stern zu durchschmerzen – zu durchlieben –, bis er durchsichtig wird, von unserem gesagten oder ungesagten Wort durchzogen – dieser Geheimschrift, mit der wir ein unsichtbares Universum lesbar machen für ein göttliches Auge. Alles gilt, alles ist Ferment, das wirkt. Und wir, vor Irrtum rauchend – versuchen, ob gut, ob schlecht – wir versuchen wieder und wieder ...

Nelly Sachs[2]

Im Juni 2015 fand in Dresden die zweijährliche Weltweite Biografie Konferenz statt. Ihr Motto war *Wunden und Wunder*. Unter den vielen Teilnehmerinnen und Teilnehmern, die aus der ganzen Welt zusammengekommen waren, gab es ein leises Staunen: Was haben Wunde und Wunder miteinander zu tun? Wie kann eine Wunde zu einem Wunder werden? In der Einladung hieß es:

> *In diesem Jahr wird unser Thema »Wunden und Wunder« sein und wir freuen uns darauf, mit Ihnen gemeinsam daran zu arbeiten. Die Konferenz findet in der Nähe von Dresden*

statt; und Wunden und Wunder gehören auch zu dieser Stadt und ihrer Geschichte.

In der Biografiearbeit, aber auch im gegenwärtigen Weltgeschehen, sind wir mit den seelischen Wunden von unseren Mitmenschen und von uns selbst konfrontiert. Wenn man die Verletzungen sieht, die wir Menschen überall auf der Welt einander zufügen, können einen Mutlosigkeit und Verzweiflung ergreifen. – Aber wir wissen auch, dass Wunder geschehen können, dass wir selbst in einem Konfliktpartner die Schwester, den Bruder erkennen konnten; dass es einem Klienten möglich wurde, zu verzeihen; dass die Mauer, die Deutschland geteilt hatte, fallen konnte.[3]

Dresden

Es war kein Zufall, dass die Konferenz mit diesem einzigartigen Thema in Dresden stattfand. In Dresden, das seine Bekanntheit unter anderem der *Sixtinischen Madonna*, dem Gemälde Raffaels verdankt. In Dresden, das als eine der von Kriegsgewalt am schwersten verwundeten Städte in die Weltgeschichte einging. In Dresden, das im Februar 1945 die letzte intakte Großstadt an der Ostgrenze des zusammenbrechenden Deutschen Reiches war – und wo in der Nacht vom 13. Februar 1945 in zwei Angriffswellen etwa ebenso viele Brandbomben abgeworfen wurden wie es Einwohner (630.000) zählte. Nach dem nächtlichen Angriff wurde die Stadt am 14. Februar noch einmal bombardiert. Es sollten in den nächsten 48 Stunden weitere Wellen folgen.

Es war ein einziger Feuersturm. In der lodernden Hitze schmolzen Glas und Metall. Ganze Reihen von Stockwerken und Gebäuden implodierten, von der berühmten Frauenkirche blieben nur Mauerreste und Trümmer übrig. Der starke Luftsog wirbelte größere Gegenstände und Menschen umher oder zog sie ins Feuer hinein. Sie verbrannten, starben durch Hitzeschock und Luftdruck oder erstickten in den viel zu wenigen Luftschutzkellern an Brandgasen.

Der Philosoph und Sprachwissenschaftler Victor Klemperer (1881–1960) und seine Frau Eva (1882–1952) erlebten das Inferno hautnah mit. Auch dank seines 1947 erschienenen Buches *LTI – Notizbuch eines Philologen*, in dem er die Sprache des Dritten Reiches untersuchte, gilt Klemperer als ein außerordentlich wacher Beobachter seiner Zeit – ein Zeitgenosse, der auch Zeuge war. In seinen 1933 begonnenen Tagebüchern – ein erschütterndes Zeitdokument – kann man nachlesen, wie sich das Leben während des Dritten Reiches in Dresden für ihn und seine Frau, aber auch für ihre Mitbürgerinnen und Mitbürger, darstellte.

Am Abend des 13. Februar 1945 – kurz vor dem Bombenangriff – tranken die beiden eine Tasse Kaffee. Eben erst war Klemperer darüber informiert worden, dass seine Frau und er mit den letzten in Dresden verbliebenen Juden – es gab nur noch etwa siebzig in der Stadt – auf der Liste für den Abtransport standen. Er hatte erfahren, »daß die am Freitag zu Deportierenden in den Tod geschickt (›auf ein Nebengleis geschoben‹) würden, und daß wir Zurückbleibenden acht Tage später ebenso beseitigt werden würden«.[4]

Noch während die beiden schweigend beisammensaßen, kam völlig unerwartet der große Alarm. Die fürchterlichen Bombenangriffe retteten ihr Leben, weil sie so der vorgesehenen Deportation entgingen. Allerdings mussten sie nun der nächsten tödlichen Bedrohung entkommen. Als die zweite Angriffswelle gerade über die Stadt hereinbrach, entschieden sie sich, ihre Wohnung zu verlassen. Ein Rucksack mit Manuskripten stand wegen der drohenden Deportation schon bereit.

Wie Abertausende flohen sie in Richtung Elbe. »Draußen war es taghell.« Klemperer wird diese Tageshelle bei Nacht in seinen Aufzeichnungen immer wieder betonen. »Ich konnte das Einzelne nicht unterscheiden, ich sah nur überall Flammen, hörte den Lärm des Feuers und des Sturms, empfand die fürchterliche innere Spannung.« Kaum waren sie aus dem Haus, verloren sie einander aus den Augen. Erst am 15. Februar trafen sie sich zufällig auf den Elbterrassen wieder. Endlich konnten sie sich, zum zweiten Mal gerettet, wieder zueinandersetzen. Was am Küchentisch begonnen hatte, fand hier einen vorläufigen Abschluss. Was dazwischenlag (»Zeitgefühl war mir verlorengegangen«) war ein nie mehr zu überbrückender Abgrund.[5] Ein Abgrund, der bis heute wie eine offene Wunde dasteht.

Die Sixtinische Madonna – Schicksal eines Gemäldes

Das wohl berühmteste Renaissance-Altarbild, die *Sixtinische Madonna* von Raffaello Santi (1483–1520), wurde 1512/13 für die Klosterkirche San Sisto in Piacenza geschaffen, wo es bis Mitte des 18. Jahrhunderts blieb. Der kunstsinnige Kurfürst und Herzog von Sachsen und als August III. auch König von Polen (1696–1763) erwarb es und ließ es in seine Sammlungen nach Dresden bringen. Schon kurz nach der Ankunft am 1. März 1754 musste es vor den Auswirkungen des Siebenjährigen Krieges (1756–1763) geschützt werden. Einmal zurückgekehrt, begann eine nie mehr endende Auseinandersetzung mit Raffaels *Sixtina* in Kunst, Literatur, Musik und Fotografie. Immer wieder wurde das Bild kopiert und reproduziert. Für Goethe war die Madonna »der Mütter Urbild, Königin der Frauen, ein Wunderpinsel hat sie ausgedrückt«.[6] Auch während des Zweiten Weltkrieges blieb es in der Dresdner Gemäldegalerie. Erst 1944, als die Bombenangriffe zunahmen, wurde das Gemälde zusammen mit anderen »Alten Meistern« aus der Stadt in den Tunnel Großcotta evakuiert. Dadurch entkam die *Sixtinische Madonna* den Flammen und der Vernichtung der Stadt Dresden.

Im Juni 1945 befahl Josef Stalin, die wertvollsten Kunstwerke aus der Sowjetischen Besatzungszone in die UdSSR zu bringen. Er plante ein gigantisches Weltmuseum der Kunst. Am 10. August traf das Altarbild von Raffael in Moskau ein. Ein ganzer Saal im Puschkin-Museum, der wenige Tage zuvor noch mit allerhand Kriegsmaterial vollgepackt gewesen war, wurde freigemacht. Auf die Ankunft der *Sixtinischen Madonna* wartete eine ebenfalls junge Frau, die 22-jährige Irina Antonowa. Kurz zuvor hatte sie als Krankenschwester noch Soldaten im Lazarett versorgt, jetzt war sie vom Direktor des Museums, Sergei Merkurow, als wissenschaftliche Mitarbeiterin angestellt worden.

Als die Kiste mit dem Altarbild ankam, standen die Soldaten, die es gebracht hatten, gemeinsam mit den Angestellten des

Raffaello Santi, *Sixtinische Madonna,* 1512/13,
Gemäldegalerie Alte Meister, Staatliche Kunstsammlungen Dresden

Puschkin-Museums im Kreis um das noch verpackte Gemälde. Die Madonna war in eine Reihe von dünnen, weißen Lappen gewickelt worden. Sie wurden nun, einer nach dem anderen, vom Chefrestaurator entfernt. Es herrschte eine tiefe, aufgeladene Stille. »Und auf einmal stand sie da!«, berichtete die 90-jährige Irina Antonowa in einem Interview mit Adina Rieckmann 2012 in der Wochenzeitung *Die Zeit.* »Ich habe an diesem Sommertag 1945 nur diese wunderschöne Frau mit ihrem Kind gesehen. Es war Kriegsende, ich hatte keine Siegergefühle. Und dann dieses Bild – was für ein starkes Symbol für all die Opfer, die wir im Krieg gebracht haben! Maria war eine von uns, sie hat mit uns gelitten.«[7]

1955 wurde das Bild an die DDR zurückgegeben, seither kann man es wieder in Dresden betrachten. Mit der Sonderausstellung *Die Sixtinische Madonna – Raffaels Kultbild wird 500* feierten die Staatlichen Kunstsammlungen Dresden 2012 den 500. Jahrestag des Gemäldes.

Eine Mutter mit ihrem Kind

Eine junge Frau trägt ihren kleinen Knaben. Sie trägt das Kind vor sich auf dem Arm, während sie auf uns zuschreitet. Ihre bloßen Füße schreiten über einen Boden, der nur aus Wolken besteht, fast ohne ihn zu berühren. Ihr Schreiten zeigt Leichtheit und Geschwindigkeit. Ihr Schleier wölbt sich beim Schreiten. Sie füllt die Mitte des Bildes aus, so dass man auf die anderen Figuren im Grunde verzichten könnte. Es geht uns nichts verloren, wenn wir nur auf sie schauen. Auch die kleinen Engel unten am Bildrand, mit nach oben gewendetem Blick, schauen nur auf sie.[8]

Ihr Schreiten auf uns zu ist aber zugleich ein Herabschreiten. Aus einer Höhe kommt sie hernieder. Ihr Blick schaut auf das, was sich Schritt für Schritt in der Tiefe offenbart. Ihr Blick bahnt sich einen Weg. Es ist der Weg des Kindes, das sie scheinbar so mühelos trägt, und es ist deshalb auch ihr Weg. Bald werden beide dort unten angekommen sein. Noch einen letzten Moment des Schwebens. Die Schwere kommt danach. Und die Wunde.

Jede Wunde setzt eine Ganzheit voraus. Was wir Wunde nennen, kann nur aus einer Ganzheit hervorgehen. Deswegen sagen wir: eine Wunde *schlagen.* Denn die Wunde ist wie ein Einschlag mitten in die Ganzheit. Jede irdische Mutter ist ihrem Kind gegenüber eine Ganzheit. Aus ihr, aus dieser Ganzheit heraus, wird das Kind geboren. Eine Geburt schlägt immer eine Wunde. Anders bei der Madonna der *Sixtina.* Das Kind, das sie trägt, ist hier der Träger einer allumfassenden Ganzheit. Bei jedem Schritt wird sie, die Mutter, aus dieser, seiner Ganzheit vertrieben. Mit steigendem, zunehmendem Bewusstsein. Und bei jedem Schritt wird sie aus seiner Ganzheit neu geboren.

»Unsere Zeitgenossin«

Zehn Jahre, nachdem die *Sixtinische Madonna* in Moskau angekommen war, wurde sie auf einen Beschluss der sowjetischen Regierung hin wieder nach Dresden zurückgebracht. Während der letzten drei Monate ihres Aufenthalts im Puschkin-Museum wurde das Altarbild zusammen mit Werken anderer

Meister öffentlich ausgestellt. Von der ersten Stunde an gab es unzählige Besucher. Sie zogen in großer Schar an den bedeutenden Kunstwerken vorbei – darunter auch an dem Altarbild Raffaels, das sich immer noch in dem schönen geräumigen Saal befand, in dem es 1945 angekommen war.

Kurz vor der Rückgabe, am frühen Morgen des 30. Mai 1955, stand der Schriftsteller und ehemalige Kriegsreporter Wassili Grossman (1905–1964) vor dem Gemälde. Wie der spätere Autor von *Leben und Schicksal* das Bild damals erlebte, hielt er in einer kleinen erschütternden und zugleich beunruhigenden Schrift mit dem Titel *Die Sixtinische Madonna* fest. Dort heißt es: »Beim ersten Blick auf das Gemälde wird vor allem sofort eins offensichtlich – sie ist unsterblich.«[9]

Grossman, der in der Schlacht um Stalingrad als »Zeuge seiner Zeit« mitten im Geschehen war und unzählige Menschen um sich herum hat sterben sehen, wird jetzt blitzartig selbst getroffen. Ohne darauf vorbereitet zu sein, ohne sich zur Wehr setzen zu können, ist er vom Betrachter zu einem »Getroffenen« geworden. Auch ein Kunstwerk kann eine Wunde schlagen. Von diesem Moment an findet in ihm eine nie mehr endende Offenbarung statt: »Ich sah eine junge Mutter, die ein Kind auf dem Arm hält. Wie lässt sich der Zauber eines zarten, schmächtigen Apfelbaumes beschreiben, der den ersten schweren, weißhäutigen, Apfel hervorgebracht hat; [...] die Mutterschaft und die Schutzlosigkeit eines Mädchens, das fast noch ein Kind ist?«[10]

Grossmans *Die Sixtinische Madonna* ist zugleich die Erzählung eines schrittweisen Offenbarwerdens, das sich im Inneren weiter enthüllt: »Ihre Gesichter sind sanft und traurig. Vielleicht sehen sie den Berg Golgatha und den staubigen, steinigen

Weg dorthin und das entsetzliche, kurze, schwere, grobe Kreuz, das auf dieser kleinen Schulter liegt, die jetzt die Wärme der mütterlichen Brust spürt ...«[11]

Aber dann kommen die Fragen; brennende, beunruhigende Fragen. Fragen ohne Antworten, die – ganz am Schluss seiner Novelle – aber dennoch eine Antwort bekommen werden: »Warum gibt es keine Angst im Gesicht der Mutter, warum hat sie den Körper ihres Sohnes nicht mit solcher Kraft mit den Händen umschlossen, dass der Tod ihre Finger nicht öffnen kann, warum will sie den Sohn nicht dem Schicksal entreißen?«[12]

Vorher hatte er schon bemerkt, dass das Gemälde Neues erschafft, das er nicht deuten kann. Er vergleicht dieses Neue mit einer achten, ihm unbekannten Farbe neben den sieben Spektralfarben. Mehr noch als der Anblick der Madonna ist es dieses Neue, das ihn fesselt: »[...] erschüttert und bestürzt von der Stärke des unerwarteten Eindrucks«, so schreibt er, sei er nach Hause zurückgekehrt, aber noch unterwegs wären ihm in einem »Wirrsal der Gefühle« Bilder aus Treblinka entgegengekommen: »Sie streckt das Kind dem Schicksal entgegen, versteckt es nicht. Und der Sohn verbirgt sein Gesicht nicht im Busen der Mutter.«[13]

Nachdem im Juli 1944 die beiden Abteilungen des Lagers befreit worden waren, kam Grossman in September in Treblinka an. Er sprach sowohl mit Überlebenden als auch mit Lageraufsehern, und schon in November 1944 publizierte er einen Artikel in der Zeitschrift *Znamya*. Dieses Ergebnis seines Recherche-Journalismus liest sich zugleich wie ein Requiem für die Opfer. Es ist bekannt, dass Grossman später kaum noch über seine Erfahrungen in Treblinka berichten wollte; sie erschienen ihm als abgründig.[14] Doch genau dieses »Abgründige« tauchte beim Betrachten der *Sixtinischen Madonna* in seinem Inneren wieder auf. Sie ist es, die er mit ihren leichten Füßen »über die schwankende Erde von Treblinka« hat laufen sehen.[15]

Unzählige Male ist sie ihm dort entgegengekommen, eine schreitende Mutter mit ihrem Kind. Jetzt kommt Sie ihm vom Altarbild entgegen. In ihr sieht er seine Zeitgenossin: »Sie kam nicht als Gast, nicht als reisende Ausländerin zu uns, sondern zusammen mit den Soldaten und Fahrern auf den ausgefahrenen Wegen des Krieges, sie ist ein Teil unseres Lebens, unsere Zeitgenossin.«[16]

Das Kind aber ist es, das ihn mit dem Herzen sehen lehrt. Grossman sieht in ihm, wie das »Menschliche am Menschen [...] seinem Schicksal« entgegentritt.[17] Es offenbart sich ihm als die Gesamtheit des Menschlichen schlechthin – als das Ganze. »Wir sagen, dass keine Zeit schwerer als die unsere gewesen ist, aber wir haben das Menschliche im Menschen nicht sterben lassen«, und es gibt »nichts Größeres [...] als das Menschliche im Menschen.«[18]

Angelus Novus: Ein neuer Engel schreibt Geschichte

Paul Klee (1879–1940) malte oder zeichnete zwischen 1913 und 1940 rund fünfzig Engelsfiguren, von denen der *Angelus Novus* (1920) die bekannteste ist. Diese Ölpause, die sich heute im Israel Museum in Jerusalem befindet, hat eine wundersame

Vorgeschichte. Es ist, als habe dieser »neue Engel« um sich herum einen Extrakt des Zeitgeschehens des 20. Jahrhunderts konzentrieren können. Aber was macht diesen Engel eigentlich neu?

Schon die Art und Weise, wie Klee diesen Engel in die Sichtbarkeit hineinführt, ist eine Geschichte für sich. In seiner ersten Phase handelte es sich wie auch bei anderen Engeln Klees um eine Zeichnung. Sie scheinen aus einem einzigen Feder- oder Bleistiftstrich geboren zu sein. Eine einzige, durchgehende Linie – und da sind sie. Sie schauen uns schüchtern oder schelmisch, ernst oder verspielt an.

Aber damit nicht genug, manchmal legt Klee die Zeichnung auf ein anderes Blatt und zwischen die beiden schiebt er ein mit schwarzer Ölfarbe bedecktes Papier. Die geschwärzte Seite liegt auf dem unteren Blatt. Mit einem scharfen Werkzeug fährt er ritzend die gezeichneten Linien entlang, wodurch auf dem unteren Blatt ein Abdruck entsteht. Diese Technik, die teilweise seine Erfindung ist, nennt Klee »Öldruckverfahren«. Mit Wasserfarbe malt er nun den Abdruck weiter aus. Schließlich wird das Bild auf eine etwas festere Unterlage geklebt. Im Laufe der Zeit führt dies dazu, dass durch die Verfärbung des Leims bräunliche Flecken im Bild entstehen. Auf diese Weise kam der *Angelus Novus* zustande.

Bereits 1921 findet das Bild einen Käufer. Es ist der deutsche Philosoph, Journalist und Essayist Walter Benjamin (1892–1940), der es gemeinsam mit seinem Freund Gershom Scholem (1897–1982) bei Klee betrachtet hat. Laut der jüdisch-kabbalistischen Tradition entstehen ständig neue Engel, die dann

Paul Klee, *Angelus Novus,* 1920, Israel Museum, Jerusalem

wieder in das Nicht-Dasein verschwinden. Dass sie kurzfristig ins Dasein gerufen werden, hat kein anderes Ziel, als dass sie Gott lobpreisen. Walter Benjamin lässt sich gerne von Scholem in diese Themen einführen. In ihren Gesprächen und später in ihrem Briefwechsel. Als Scholem nach Israel ausgewandert ist und Benjamin ihm als überzeugter Antizionist nicht folgt, kehrt dieses Thema der jüdischen Mystik regelmäßig wieder. In *Walter Benjamin und sein Engel* charakterisiert Scholem seinen Freund als einen Genius der Metaphysik – vielleicht den einzigen seiner Generation im wahren Sinn des Wortes, da er nie wie ein Berufsphilosoph über Metaphysik geschrieben habe.[19]

Der *Angelus Novus* nimmt eine prominente Stelle in Walter Benjamins Wohnzimmer ein. Über dem Sofa hängen bereits einige Reproduktionen des *Isenheimer Altars* von Matthias Grünewald (um 1480 – um 1530). Der *Angelus Novus* bekommt einen Platz dazwischen. Möglicherweise bedeuteten die Gesten des auferstehenden Christus und die des Engels eine Einladung und Herausforderung für Benjamin. Sah er eine Verwandtschaft zwischen beiden? Der Engel und Christus: beide mit erhobenen Händen?[20]

Mit dem Erwerb begann eine ununterbrochene meditative Beziehung Benjamins zu diesem Bild. Der *Angelus Novus* rückte ins Zentrum seiner philosophischen Betrachtungen über Geschichte und Kunst. Benjamins Deutung erreichte wie das Werk selbst den Status einer Ikone und inspiriert bis in die Gegenwart hinein Künstlerinnen und Künstler aus vielerlei Bereichen. Es ist bekannt, dass Benjamin, für den der *Angelus Novus* ein persönlicher Schutzengel wurde, das Werk mitnahm, als er 1933 Deutschland für immer verlassen musste. Nach seinem Freitod im September 1940, nur wenige Wochen nach Klees Tod, gelangte das Gemälde über Theodor W. Adorno in den Besitz von Gershom Scholem, dessen Familie es ihrerseits dem Israel Museum in Jerusalem schenkte.

Eine zarte Verletzlichkeit

Heute wird im Israel Museum aus konservatorischen Gründen eine Kopie des *Angelus Novus* ausgestellt. Durch die Vermittlung einer befreundeten Person hatte ich im April 2012 die Gelegenheit, das echte Exemplar in einem dafür reservierten Raum des Museums aus der Nähe zu betrachten. Das atemberaubend Zarte dieses Engels bewirkte, dass ich es kaum wagte, hinzuschauen. Die Aussage Klees, dass im Schaffensprozess ein Moment auftritt, in dem nicht länger der Künstler bestimmt, was in der Sichtbarkeit erscheinen wird, schien hier einen spürbaren Beweis gefunden zu haben. Von selbst gingen meine Gedanken zu Benjamin hin, der ein Kunstwerk als das Schaffen einer Frage auffasste, die man erst später beantworten kann. Hier stand ich Aug' in Aug' mit einem Engel, der wirkte wie eine nie endende Frage, und zugleich stand ich in der Gegenwart des Glanzes seiner Einmaligkeit, die Benjamin die »Aura« eines Kunstwerks nannte.[21]

Ist dies überhaupt ein Engel? Nichts von dem Erhabenen, Hieratischen der Engel aus der frühchristlichen Kunst, keine Spur vom Mächtig-Überirdischen der Engelsgestalten auf einer Ikone. Gleichzeitig fehlt auch in jeder Hinsicht die strahlende Schönheit, die idealisierende Anmut eines Renaissance-Engels.

Das Haupt ist viel zu groß für den schmächtigen Leib. Die Flügel – oder handelt es sich doch um Arme? – unausgewachsen, die Füße, die an einen Vogel erinnern, fast nicht existierend. Das Antlitz ist verzerrt, als ob dort zwei Gesichter ineinandergeschoben sind: das eines noch unbewussten Kindes und das eines Menschen, der lebensmüde ist. Der Mund ist geöffnet. Erklingt ein Schrei?

Aber ungeachtet dessen gibt es diesen Blick. Den dunklen Blick, der auch Gershom Scholem traf: »Mein Auge ist ganz schwarz und voll / mein Blick wird niemals leer«.[22] Wohin geht dieser Blick? Was hält ihn gefangen? Wovor weicht der Engel zurück? Denn tatsächlich haben wir es hier mit einem Zurückweichen, Zurückschrecken zu tun! Als ob eine Kraft, für uns unsichtbar, den Engel gegen etwas presst und kein Ausweichen mehr möglich ist. Es ist vor allem dies, was Benjamin zu der berühmten Textstelle in seinem letzten Werk inspirierte:

> *Es gibt ein Bild von Klee, das Angelus Novus heißt. Ein Engel ist darauf dargestellt, der aussieht, als wäre er im Begriff, sich von etwas zu entfernen, worauf er starrt. Seine Augen sind aufgerissen, sein Mund steht offen und seine Flügel sind ausgespannt. Der Engel der Geschichte muß so aussehen. Er hat das Antlitz der Vergangenheit zugewendet. Wo eine Kette von Begebenheiten vor uns erscheint, da sieht er eine einzige Katastrophe, die unablässig Trümmer auf Trümmer häuft und sie ihm vor die Füße schleudert. Er möchte wohl verweilen, die Toten wecken und das Zerschlagene zusammenfügen. Aber ein Sturm weht vom Paradiese her, der sich in seinen Flügeln verfangen hat und so stark ist, daß der Engel sie nicht mehr*

schließen kann. Dieser Sturm treibt ihn unaufhaltsam in die Zukunft, der er den Rücken kehrt, während der Trümmerhaufen vor ihm zum Himmel wächst. Das, was wir den Fortschritt nennen, ist dieser Sturm.[23]

Verwundbar im Zeitgeschehen

Wie auch im Falle anderer Engel kann der *Angelus Novus* nicht nur aus einer Perspektive heraus betrachtet werden: Genauso wenig wie Menschen sind Engel eindimensional. Trotzdem fällt die starke Verletzlichkeit auf, mit der er versucht, dem Strom des Zeitgeschehens standzuhalten. Er ist nicht der Engel, der triumphierend in ein Geschehen eingreift. Sieg ist ihm fremd. Ist das das Neue an diesem Engel? Und ist er in dieser Hinsicht nicht mit dem verwandt, was zutiefst zur heutigen Zeit gehört: dem verwundbaren Stehen und verletzlichen Standhalten im Strom des Zeitgeschehens? Der Ohnmacht, die unvermeidbar ein Teil davon ist? Und ist er dadurch nicht selbst ein Zeitgenosse? In seiner Antrittsvorlesung an der Università Iuav di Venezia definierte der italienische Philosoph Giorgio Agamben (*1942) Zeitgenossenschaft wie folgt: »Nur der kann sich Zeitgenosse nennen, der sich nicht blenden lässt von den Lichtern des Jahrhunderts, sondern fähig ist, in ihnen das Schattenhafte zu ergreifen.«[24]

Für Walter Benjamin – über den Hannah Arendt (1906–1975) sagte, dass er ihr beibrachte, weder mit noch gegen den Strom zu schwimmen – stand die Reflexion über die Zeit als Geschichte im Zentrum seines Werks.[25] Wer schreibt diese Geschichte, wenn nicht die Sprache, in die sie sich kleidet? Nicht die Fakten an sich, sondern die Tätigkeit, diese in Worte zu fassen, in Sprache zu übersetzen und zu Sprache werden zu lassen, lässt Geschichte entstehen. Die Umwandlung in Sprache kann nicht von der Gegenwart, in der dieser Umwandlungsprozess stattfindet, losgelöst werden. Es ist das Verhältnis zur eigenen Zeit, das eine entscheidende Rolle im Prozess des In-Worte-Fassens dessen spielt, was sich als Tatsache in der Vergangenheit zutrug.

Gleichzeitig ist diese Beziehung auch für die Sicht auf die Zukunft bestimmend. Es kann keine neutrale Narration von Ereignissen geben. Zeitgenosse zu werden bedeutet, einbezogen zu werden – einbezogen im aktiven Sinne des Wortes. Walter Benjamin war in hohem Maße einbezogen. Und als unmittelbare Folge davon war er der Ohnmacht, die gegen ihn und seine Zeitgenossen anstürmte, ständig ausgeliefert. Es wäre ein Irrtum, »Einbezogenheit« hier lediglich im politischen Sinne zu begreifen. Erneut ist es Scholem, der ein Plädoyer für die verborgenen, aber völlig unbekannten Aspekte von Benjamin als Menschen hält. Zu diesen Aspekten zählt Scholem eine tiefe Verbindung mit der mystischen Tradition und auch bestimmte mystische Erfahrungen.[26]

Welcher Engel ist Benjamin in der Nacht in Portbou (in der Nähe der französisch-spanischen Grenze) entgegengekommen, in der er sich am 27. September 1940 das Leben nahm? War es der zu seinem Schutzengel ernannte *Angelus Novus?* Oder ist es Benjamin, der den Engel hat davor schützen wollen, nicht noch weiter zurückweichen zu müssen? Nicht länger sicher in Frankreich – bereits seit drei Monaten war er in einem Flüchtlingslager interniert – wollte Walter Benjamin über diesen Weg in die USA entkommen. Er hatte ein Visum bei sich. Direkt hinter der Grenze wurde er zusammen mit anderen Flüchtlingen angehalten und sollte am nächsten Tag zurück nach Frankreich gebracht werden, wo ein Haftbefehl gegen ihn vorlag. Am folgenden Tag gelang es der kleinen Gruppe jedoch, die Grenze zu überqueren. Sie kamen ohne weitere Probleme in Spanien an, wo sie sicher waren. Ohne ihn.

Kapitel I
Wach werden

Die Potenz einer Krise

Sind wir in eine Krise geraten? Leben wir in einer Zeit der Krise? Es ist nur ein einziger Schluss möglich: Wir sind mit einem Überangebot an Krisen konfrontiert. Finanzkrise, Flüchtlingskrise, Klimawandel, Coronavirus – und jetzt auch noch ein Krieg in Europa. Doch was heißt überhaupt Krise? Die Auswirkungen der Coronapandemie und die mit ihr verbundenen Maßnahmen haben – ähnlich wie kurz danach der Krieg und die erneute Aufrüstung Europas – Fragen aufgeworfen und diese ins Zentrum eines öffentlichen Diskurses gerückt. Fragen, die sowohl in jedem Einzelnen als auch in der Gesellschaft ertönen und die nicht selten Anlass zu Streit und heftigen Debatten werden. Als ob ein neues Licht auf Zustände fällt, die bereits seit Jahrzehnten – manchmal auch viel länger – Teil unserer Existenz sind. Fragen, die es demzufolge auch schon vor dem Ausbruch der Pandemie oder des Krieges gab. Letztendlich sind es Fragen nach der Bedeutung des Menschseins und der damit verbundenen Fähigkeit zur Mitmenschlichkeit.

Dieses Durchdringen und Besetzen eines Komplexes von Fragestellungen – bis in den öffentlichen Raum hinein –, denen nicht sofort unwiderlegbare Antworten entgegengesetzt werden können, kann man als Signatur einer Krise bezeichnen. Nicht so sehr die Pandemie oder der Krieg als Tatsache und die mit ihnen verbundenen, in verschiedener Hinsicht schrecklichen Folgen machen die Krise im eigentlichen Sinne aus, sondern das Gefüge von Fragen, das mit Frustration, Wut und Empörung einhergeht. War diese Krise unausweichlich? Kann man einer Krise überhaupt ausweichen?

Eine Krise ist von einer anderen Ordnung als die Tatsachen, die sie scheinbar verursacht haben. Auch wenn es völlig evident erscheint, dass etwa das Virus die Krise der Pandemie verursacht hat, lohnt es sich – zumindest als Gedankenexperiment – den Verlauf der Ereignisse einmal umzukehren. Könnte es sein, dass die Krise der eigentliche Anlass für die Fakten gewesen ist, sie also die Fakten verursacht hat? Und wenn ja, wie könnte man das verstehen?

Schauen wir uns zunächst die ursprüngliche Bedeutung des Wortes »Krise« im Kontext der Entstehung der Medizin an, in dem Sinne, wie sie auch von dem Arzt Hippokrates (um 460–370 v. Chr.) verwendet wurde. Das Wort »Krise« bedeutet hier unter anderem »entscheidender Moment« und »Entscheidung«. Es geht hier um eine Entscheidung, die nicht nur in Bezug auf bestimmte Fakten, sondern auch auf dasjenige getroffen wird, was die Krise ans Licht bringt. Die Fakten können akut und zwingend sein, was bedeutet, dass sie (oft, aber nicht immer) abrupt auftreten und eine unmittelbare Reaktion erfordern. Etwas soll getan werden. Die Fragen aber, die dank einer Krise ans Licht kommen und sozusagen das Eigentliche einer Krise ausmachen, lassen sich nicht sofort lösen. Sie brauchen viel mehr Zeit, weil sich ihr vollständiges Erscheinen in einem anderen Bereich als dem der Tatsachen abspielt.

Deshalb ist es nicht ausgeschlossen, dass, auch wenn die Fakten selbst nicht mehr direkt wahrnehmbar sind, eine Krise andauert. In diesem Sinne lässt sich verstehen, dass eine Krise den Fakten vorangehen kann. Eine Krise kann so als ein durchgängiges Geschehen verstanden werden, in dem bestimmte Tatsachen auftreten. Deshalb spricht Rudolf Steiner (1861–1925) über das, was eine Krise im Laufe der Geschichte offenbart, wie über ein *tieferliegendes* Symptom. Jede Tatsache hingegen ist in ihrem Geronnensein an einen bestimmten Moment geknüpft.

> *Wir wissen aus früheren Vorträgen, die ich über ähnliche Themata gehalten habe, daß ich vom Gesichtspunkte der Geisteswissenschaft aus das, was man gewöhnlich Geschichte nennt, verwandelt sehen muß in eine Symptomatologie. Das heißt von dem Gesichtspunkte, den ich hier meine: Dasjenige, was man gewöhnlich empfängt als Geschichte, was verzeichnet wird in dem, was man schulmäßig Geschichte nennt, das sollte man nicht ansehen als das wirklich Bedeutungsvolle im Entwickelungsgange der Menschheit, sondern man sollte das nur ansehen als Symptome, die gewissermaßen an der Oberfläche ablaufen und durch die man durchblicken muss in weitere Tiefen des Geschehens, wodurch sich dann enthüllt, was eigentlich die Wirklichkeit ist im Werden der Menschheit. Während gewöhnlich die Geschichte die sogenannten*

historischen Ereignisse in ihrer Absolutheit betrachtet, soll hier das, was man historische Ereignisse nennt, nur als etwas angesehen werden, was gewissermaßen ein tiefer darunterliegendes, wahres Wirkliche erst verrät, und, wenn man es richtig betrachtet, offenbart.[27]

Es geht also nicht nur darum, eine Antwort auf dasjenige zu geben, was die Tatsachen fordern. Fakten oder Tatsachen manifestieren sich als geronnenes, extrem zusammengezogenes Werden im Strom der Zeit. Sie sind das Gewordene schlechthin, und weil sie kein Gewicht mehr haben, das heißt kein Leben mehr in sich tragen, erscheinen sie an der Oberfläche dieses Stroms. Denn Gewicht deutet auf Substanz hin und Fakten sind ihrer lebendigen Substanz entledigt. Wie leere Hülsen treiben sie an der Oberfläche und hindern gleichzeitig den Blick daran, in die Tiefe zu schauen.

Was aber in der Tiefe lebt, ist der lebendige Werdestrom einer Zeit, sei es im individuellen Leben, sei es in einer Epoche. Und es ist diese Tiefe, die die Fakten »trägt«. Durch die Digitalisierung und Vervielfältigung der Nachrichten werden Ereignisse zu einer Unmenge zersplitterter Fakten, die immer dichter an der Oberfläche treiben wie eine Decke. Es kommt also darauf an, durch diese Oberfläche hindurchzustoßen, um einen Blick in die Tiefe werfen zu können. Denn was eine Krise enthüllen kann, steigt aus dieser Tiefe empor. Fakten weisen auf eine Krise hin, können sie aber aus sich selbst heraus nicht erschließen.

Man muß, wenn man Geschichte studiert, einen Sinn dafür haben, Symptomatologie zu treiben, das heißt, vieles vom dem,

> *was heute als Geschichte genommen wird, nur als Symptom aufzufassen für manches, was viel tiefer dahinterliegt, was wirklich die geistige Strömung ist, die diese Symptome nur trägt. Und so kommt dasjenige, was in den Tiefen der Menschheitsentwicklung ist, tatsächlich auch symptomatisch in diesen oder jenen Zeitkrankheiten zum Vorschein.*[28]

Wo ist also die Krise? Die Krise entsteht, wenn einerseits die Fakten an der Oberfläche die Aufmerksamkeit auf sich ziehen, ja sie sogar fesseln, und andererseits dasjenige, was in den Tiefen ist, daran gehindert wird, sich zu zeigen. Die Krise entfaltet sich im Klima einer ungeheuren Spannung; oder anders gesagt: in einem Moment der Entscheidung. Weil dasjenige, was in den Tiefen lebt, nicht nach oben kommen kann – oder jedenfalls nur in äußerst bescheidenem Maße –, suchen viele Zeitgenossen nach dem, was »hinter den Fakten« steckt und dort im Verborgenen wirkt.

Es ist eine Suche nach Wahrheit. Aber die »Wahrheit« findet man weder *in* den Fakten noch *hinter* den Fakten. Sie lässt sich auch nicht unmittelbar finden, durch das, was aus den Tiefen heraus sich offenbaren will. Die Wahrheit entsteht erst in der Begegnung zwischen Fakten an der Oberfläche und geistigen Impulsen aus den Tiefen. Dafür braucht es aber einen Zwischenraum, eine Mitte. Genau hier findet eine Entscheidung statt. Wenn Krise »Entscheidung« bedeutet, dann muss um diese Mitte gerungen werden. Es geht nicht darum, sich entweder für die Fakten oder für die Tiefenschicht zu entscheiden: Die Suche nach Wahrheit muss sich auf das richten, was zwischen diesen beiden Ebenen liegt. Oberfläche und Tiefe gehören zusammen. Die Fakten an der Oberfläche, so Rudolf Steiner, werden von der Tiefe getragen. Dass sie im Bewusstsein getrennt auftreten, hängt mit der heutigen Bewusstseinsveranlagung zusammen. Und zugleich mit der Möglichkeit, nicht nur wach zu werden, sondern auch wach *bleiben* zu können.

Der kritische Moment und zugleich auch die Potenz einer Krise liegt in der Möglichkeit, die Mitte aufzusuchen, sich zwischen der faktischen Oberfläche und der Tiefenschicht zu positionieren. Das ist in vielerlei Hinsicht ein Schritt ins Ungewisse. Was vorher im Inneren als eine Art Bruchlinie gewirkt hat, kann sich öffnen und verwandeln zu einem offenen Zwischenraum, in dem sich die Gegensätze allmählich einander annähern können. Die Polarisierung, wie wir sie beispielsweise bei der Coronakrise beobachten konnten – und noch können –, tritt auf beiden Seiten der Bruchlinie auf.

Es ist deutlich, dass sich hier zwei Auffassungsmuster frontal gegenüberstehen: Auf der einen Seite der Bruchlinie findet man Individuen, bei denen die *Empfindlichkeit* für das tiefere Element der Krise und für die Fragen vorliegt, die durch sie ans Licht kommen wollen. Medizin und Wissenschaft werden von ihnen als Instrumente einer immer weitergehenden Beschränkung individueller Freiheiten wahrgenommen. Wenn allgemein davon ausgegangen wird, dass alles, was sich ereignet, schon im Voraus geplant wurde, ist der Schritt zu teils auch extremen »Verschwörungstheorien« oft nicht mehr weit. Man spürt, dass etwas »dahintersteckt«, allerdings schaut man in Richtung der Fakten, die einen daran hindern, einen Blick in die Tiefe zu werfen.

Demgegenüber stehen größere Gruppen, die sich aus Unsicherheit, Angst oder dem Bedürfnis nach Autorität – teils auch weil es ihren Belangen dient –, schützen wollen und aus diesem Grund die entsprechenden Maßnahmen akzeptieren und durchführen. Ihre Aufmerksamkeit gilt ausschließlich den Daten und Fakten. Was nicht bedeutet, dass sie diese ohne weiteres für gut befinden. Es geht oft auch nur darum, diese Periode so unversehrt wie möglich zu überstehen, um dann später den Faden wieder aufzunehmen.

Zu beiden Seiten der Bruchlinie werden die Sichtweisen immer vehementer verteidigt und steigern sich zu Extremen. In der Coronakrise beispielsweise kam es nach einer ersten Phase, in der man noch versuchte, den jeweils anderen zu überzeugen, rasch zu hitzigen ideologischen Debatten, teils in den gängigen, teils in alternativen Medien, aber auch im öffentlichen Raum – bis hin zu gewalttätigen Auseinandersetzungen. Den Argumentationen beider Richtungen kann man etwas abgewinnen.

Im Falle des aktuellen Krieges ist die Bruchlinie zur Front geworden. Es gibt kein Dazwischen mehr. Ob auf der einen oder auf der anderen Seite: Beide sind einander Feind. Und beide schauen wie gebannt nur in die *eine* Richtung, lassen nur *einen* Aspekt zu. Dadurch drohen der *kritische Moment* und die Entscheidung, die intrinsisch mit ihm zusammenhängt, verpasst zu werden. Ein Zwischenraum in der Mitte als Möglichkeit einer Begegnung bekommt keine Chance. Es kann keine Brücke gebaut werden. Und keiner geht aus diesem Prozess unversehrt hervor.

Der ungerade Weg zur Mitte

Die Auferstehungen
deiner unsichtbaren Frühlinge
sind in Tränen gebadet.

Der Himmel übt an dir
Zerbrechen.

Du bist in der Gnade.

Nelly Sachs[29]

Wenn die Potenz einer Krise darin besteht, die Mitte aufzusuchen, wie gelingen dann Schritte zu dieser Mitte hin? Soll man sich erst an den Fakten orientieren und dann im Nachhinein versuchen, einen Tiefenblick in die spirituellen Impulse des Zeitgeschehens zu erlangen? Oder soll man bei den geistigen Intentionen einer Epoche ansetzen und sich erst dann den Fakten zuwenden? In meinem Buch *Zeitgenosse werden*[30] beschreibe ich diese Schritte wie einen Weg, die Not seiner Zeit hören zu können. Einen Weg, der zugleich auch als ein Einweihungsweg betrachtet werden kann. Wobei »Einweihung« in einem ganz allgemeinen Sinn bedeuten könnte, dass die Fakten und Tatsachen, die *von außen* auf mich einwirken und an denen ich aufwache, durch die Einweihung nun auch als Kräfte *von innen heraus* in mir wirksam werden.

Das, was von außen als Tatsache auf mich zukommt, ruft natürlicherweise Reaktionen hervor. Diese Reaktionen sind wichtig, weil sie mich aufwachen lassen. Aber dieses Aufwachen reicht nicht aus, um Zeitgenosse zu werden. Der Beweis: Was mich vor einer Woche noch heftig aufgerüttelt hat, habe ich in der nächsten Woche oft schon wieder vergessen. Nach dem von außen angeregten Aufwachen bin ich wieder in einen Zustand des Halbschlafs geraten. Ich träume wieder an der Wirklichkeit vorbei. Vielleicht habe ich sogar einiges ausprobiert, um dieses erste Aufwachen ein wenig abzudämpfen.

Wach *bleiben* kann man nur von innen heraus. Auch wenn das Wachbleiben zur Bedingung hat, erst einmal erwacht zu sein. Beim Wachbleiben kommt aber meine eigene Kraft ins Spiel. Kraft ist in diesem Kontext in erster Linie »Vermögen« und geht auf die aristotelische *energeia* als Potenz zurück. Kraft ist reine, noch nicht vorbestimmte Potenzialität. Zudem ist sie ganz und gar schöpferischer Natur. Aus diesem Vermögen können deshalb neue Möglichkeiten geschaffen werden, die sich im Prozess weiter entfalten. Doch was genau bedeutet hier »Vermögen« und wo kann ich es in mir finden? Das Ich, das als Prinzip in jedem Menschen das Geistige vergegenwärtigt, ist Träger dieses Vermögens und hat es während seines Lebens zur Verfügung. Schon an diesem Punkt tut sich das Paradox auf, dass die Mitte vom Ich aktiv gesucht werden muss, wobei das Wachbleiben-Können von größter Wichtigkeit ist. Und dass zugleich diese Mitte im Ich, als dem Träger seiner Potenz, begründet ist.

Die Krise, die gleich einer Offenbarung sowohl Vergangenheit als auch Zukunft umfasst, macht möglich, dass wir uns in diesem Zeitgeschehen auf die Innenseite beziehen, ja, dass wir *mittendrin* stehen können. Eine Tatsache hat keine »Innenseite« und deshalb kann man sich nicht in eine Tatsache hineinbegeben. Als Gewordenes sind Tatsachen nach allen Seiten hin abgeschlossen: *factum est*, es hat stattgefunden. Und als solches kann es nicht mehr rückgängig gemacht werden. Man kann *über* Fakten und Ereignisse reden und diese analysieren und kommentieren. Aber man kann sie nicht von innen heraus wahrnehmen. Man kann nicht in sie hinein. Und folglich kann man sie auch nicht als solche umwandeln.

Fakten sind heutzutage wie leere Hülsen. Das Lebendig-Wirksame, das einst in ihnen tätig war, hat sich allmählich aus der manifestierten Form zurückgezogen. Die Fakten verurteilen mich dazu, Zuschauer zu bleiben.[31] Das wird anders, sobald man versucht, in die Tiefe zu blicken. Man kann nicht anders, als den Blick umzuwenden, wenn es um die tieferen Impulse geht. Es geht um ein Gewahrwerden im Innern. Erst dann bekommt dieses Gewahrwerden die Möglichkeit, sich erneut auf das Äußere, die Fakten, zurückzubeziehen, so dass eine Wirksamkeit entsteht. Diese Wende nach innen und die Umkehrung, die daraus folgt, ist es, was in diesem Kontext als Einweihung bezeichnet wird.

Einweihung, so Rudolf Steiner, ist das Ereignis, bei dem die Kräfte, die bis jetzt von außen auf mich eingewirkt haben, aus mir heraus wirksam werden. Damit dies geschehen kann, muss ich die Kräfte und was sie bewirken in mir aufnehmen. Die Richtung, in der die Kräfte wirken, muss sich radikal umwenden. Und genau bei dieser Wende tut sich die grundlegende Verletzlichkeit auf, die seit Anfang der modernen Zeit, die mit dem 15. Jahrhundert beginnt, Anteil an der Menschwerdung hat. An dem Punkt, wo ich mich umwende und mittendrin stehe, werde ich verletzlich.

Zugleich ist der tiefste Punkt dieser Einweihung auch das zentrale Merkmal dieser Zeit und wird von Rudolf Steiner als eine Einweihung in das Mysterium des Bösen beschrieben.[32] In erster Instanz ist das Böse eine Erfahrung. Es wird mir angetan. Und dass es mir angetan wird, weiß ich, weil es mir wehtut. Es verletzt. Es schmerzt. Es bricht ein in die Art und Weise, in der ich bis zu diesem Einbruch gelebt habe, und zerstört Zusammenhänge sowie deren bislang erlebte Selbstverständlichkeit. Wie ein kleines Kind, das sich beim Spielen verletzt hat, ziehe ich mich in mich zusammen – aber diesmal seelisch. Und mit diesem In-sich-Zusammenziehen kommt auch die Angst und die Ohnmacht. Sie werden Teil meiner Erfahrung.

Jede Erfahrung des Bösen wird von Schmerz begleitet. Das Böse erscheint mir in Gestalt einer konkreten Tat, eines Wortes, einer Haltung – aber es ist dieser Schmerz, der mich darauf hinweist, dass mir etwas geschehen ist und dass es um »etwas Böses« geht. Die Erfahrung lehrt: Am Bösen, das mir zugefügt wird, *werde* ich wach. Ich werde wachgerüttelt. Der Schmerz aber *hält* mich wach. Tatsächlich gibt es einen Unterschied zwischen erwachen und wach bleiben, und trotzdem sind beide miteinander verbunden. Denn das Aufwachen, wie schmerzhaft es auch sein mag, eröffnet die Chance, dass ich aus diesem Wachwerden heraus einen weiteren Schritt machen kann: Ich kann wach *bleiben!*

Jeder, der einen schweren Schicksalsschlag erlebt hat, weiß, wie schwierig schon das Erwachen aus dem Schlaf am Morgen sein kann. Einen kurzen Moment ist man noch »unwissend«, aber schon drängt sich, scharf wie ein Messer, der Vorfall ins Bewusstsein hinein und besetzt den ganzen Innenraum. Es beginnt ein neuer Tag, den ich nicht zu überschauen vermag, und ich bin diesem hineindrängenden Leiden hilflos ausgeliefert. Ich kann nur ertragen, erdulden, was mir als Unerträgliches entgegenkommt, weiß aber nicht, wie ich das bis zum Abend aushalten soll.

Ganz anders der Schritt zum Wachbleiben: Hier geht es um eine Aktivität aus mir selbst heraus. Da erdulde ich nicht länger. Ich kann einen Entschluss fassen, der mich vom passiven Erleiden zum aktiven Tun führt. Bezogen auf die Fakten kann das bedeuten, dass ich sie so, wie sie sich ereignet haben, ohne jeglichen Kommentar in mir zulasse. Dass man dabei immer wieder von vorne anfangen muss, weiß jeder, der das schon einmal ausprobiert hat. Ein einziger großer Schritt wirkt auf die Dauer nicht. Es können nur viele ganz kleine Schritte sein. Sie können im Grunde gar nicht klein und anspruchslos genug sein. Der Weg der kleinen Schritte bedeutet, dass man bei jedem einzelnen darauf achtet, dass ein weiterer Schritt möglich bleibt, ohne diesen aber schon im Voraus zu bestimmen. Ja, ich bin da, ich bleibe dabei. Bei der Ohnmacht, bei der Verletzung. Ja, ich will das Geschehene nicht länger um jeden Preis verstehen. Ja, ich bleibe wach. Ich wache ohne jegliche Bedingung. Nichts kann mehr gerettet werden. Aber ich bin da. Schritt für Schritt. Es geht um diese unzähligen kleinen Schritte.

Wobei die Erfahrung lehrt, dass, wenn ich meine »Reaktionen« zur Ruhe und zum Schweigen bringen kann, der Schmerz nicht abnimmt. Im Gegenteil. Wach bleiben ist eine Tat und der Schritt kann nur meine ureigene Initiative sein. Konkret heißt das folglich, dass ich mich dazu entscheide, das Unerträgliche tragen zu wollen, obgleich mir vom Anfang an deutlich ist, dass ich genau das nicht schaffe. Aber eines kann ich immerhin tun: es in meiner Ohnmacht aushalten – oder anders gesagt – trotz meines Nicht-Könnens wach bleiben. Selbstverständlich ist das keine einmalige Tat! Ich muss immer wieder von vorne beginnen wachzubleiben – so, als wäre es das erste Mal.

Doch wozu soll ich das tun? Woher bekomme ich die Zuversicht, dass mich das tatsächlich weiterbringt? Und wohin führt das? Worauf kann ich mich berufen? Wegweisend ist hier die Ohnmacht, so, wie sie sich in einer Krise als Quelle der Potenz offenbart.

Radikal und absolut: an der Wurzel meines Wesens

Die Erfahrung der Ohnmacht gehört zu den radikalsten, die man erleben kann. Radikal, weil sie uns da ergreift, wo wir wurzeln. Sie ergreift uns an der Wurzel – auf Lateinisch *radix* – unseres Wesens als Mensch. Genauso wie bei der Liebe bohrt sich die Ohnmacht bis in den Kern dessen, was man ist. Als Erfahrung ist sie absolut. Eine häufige Aussage lautet: Es geht nicht mehr weiter! Es gibt keinen Ausweg mehr! Man meint damit: Hier hört es auf. Noch tiefer getroffen zu werden, ist nicht möglich. Genau hier aber beginnt der Weg, der ein *Ein*weg ist. Solange man an dieser Stelle noch nicht getroffen wurde, bleibt jeder Weg ein *Aus*weg. Es schließt sich dann die Frage an: Was genau geht nicht mehr weiter? Was hört auf?

Der Kern unseres Wesens ist die Potenz. Potenz ist Vermögen und umfasst als solches die Gesamtheit der Möglichkeiten, deren Träger ich als Mensch bin. Diese Möglichkeiten fordern uns auf, innerlich erschlossen zu werden. Sie bitten darum,

Fleisch und Blut zu werden. Sofern diese Möglichkeiten noch keine Bestimmung bekommen haben, sind sie reine Potenzialität. Mit ihr werde ich in die Welt hineingeboren, das heißt in eine Welt, in der sich schon Möglichkeiten realisiert haben. In eine Welt des Vorgegebenen, des bereits Gewordenen.

Jedes Kind wird in eine Familie hineingeboren – wie klein oder groß sie auch sein mag –, in ein Zeitalter, eine Gesellschaft, eine Sprachgemeinschaft, eine Kultur und so weiter. Eine Biografie schreibt sich als die kontinuierliche Begegnung zwischen der Potenz zum Werden und dem Widerstand des Gewordenen. Das Gewordene hat Form angenommen und jede Form bietet einen ganz besonderen Widerstand. Dieser Widerstand ermöglicht, dass die Potenz sich gestalten und bilden kann.

In meiner ehemaligen Tätigkeit als Waldorflehrerin habe ich leider viel zu spät erkannt, dass der Lehrinhalt als Gewordenes die Potenz eines jungen Menschen fördert und bildet, indem der Stoff ihn in einem geeigneten Sinne begrenzt. Denn das Sich-zu-eigen-Machen des gewordenen Inhalts wird erst da möglich, wo die Potenz an ihre Grenzen stößt, an ihnen aufwacht und sich als Potenz erkennt. Was sich als »roter Faden« durch eine Biografie hindurchzieht, sind diese Begegnungen, ihre Stationen, ihre Verlangsamung oder ihr Fortgang, ihre Blockaden, ihre Intensivierungen, ihre Streite, ihre Momente der Annäherung und der gegenseitigen Versöhnung. Und ihre Wunden!

Jede Begegnung zwischen Potenz und Begrenzung bringt schon eine Art Verwundung mit sich. Denn die Potenz als reine Möglichkeit ist bei jedem Menschen prinzipiell unbegrenzt, daher erlebt sie sich – beim Gewahrwerden ihrer selbst – auch als unendlich. Enthusiasmus und Begeisterung sind Teil dieses Aufwacherlebnisses. Doch wenn sich notwendigerweise Beschränkungen auftun, wird das sehr oft als ungerecht erfahren. Man fühlt sich zurückgewiesen, verletzt. Obwohl es genau diese Begrenzung ist, die dem Menschen die Fähigkeit gibt, sich aus seiner Potenz heraus selbst manifestieren zu können.

Wenn sich dieses Zurückgestoßen-Werden in der Begegnung mit den Widerständen des Gewordenen zu einer extremen Situation steigert, bei der das Innere vollständig in den Griff genommen wird, entsteht Ohnmacht als absolute Erfahrung. Und gleichzeitig eine reale Verwundung. Denn was stattfindet, ist, dass man den Zugang zu seiner Potenz nicht mehr in sich finden kann. Dieser Zugang hat sich als direktes Ergebnis dieser Verwundung geschlossen. So wie ein Kind zusammenzuckt, wenn es sich wehgetan hat, so zieht sich der Wesensorganismus des Menschen zusammen. Das Ich als Träger der Potenz und der Intentionen, die dieser Potenz inhärent sind, ist zwar nach wie vor da, aber es kann sich nicht mehr in seiner Wirksamkeit zeigen.

Der Kontakt ist unterbrochen. Und man versucht, diesen Kontakt wieder herzustellen. Oft von außen. So, als ob man eine Tür, die sich nicht mehr öffnen lässt, von außen wieder in Bewegung zu bringen versucht. Aber die Zugangstür zu meiner Potenz lässt sich nur von innen öffnen. Ein Paradox! Denn das Einzige, was sie öffnen könnte, wird durch sie versperrt. Genau das bedeutet es, Ohnmacht zu ertragen, obwohl ich sie nicht aushalte. Genau hier beginnt – statt eines Auswegs – der oben angesprochene Einweg.

Das Paradox der Ohnmacht

Es gibt keine vorgeschriebene Route, keinen Reiseleiter, kein Handbuch. Kein Modell im Sinne eines Parcours, dem man folgt. Schon aus diesem Grund wird man es nicht in dieser Ausführung beschrieben finden. Wäre eine Routenbeschreibung vorhanden, ließe sich das Absolute der Ohnmacht auf einen momentanen Zustand von Hilflosigkeit zurückführen. Das Absolute würde dadurch relativ, während es in der Ohnmacht um das Absolute geht. Das Relative der Ohnmacht legt uns im Gegensatz zu ihrem Absoluten Zügel an. Es hält uns noch auf alle möglichen Weisen fest. Wir verstricken uns in ihm. Erst das Absolute macht mich frei. Erst das Absolute meiner Ohnmacht befreit mich vom Drang, nach Lösungen zu suchen. »Absolut« bedeutet wörtlich: das, was losgelöst, das, was nicht festgebunden ist. *Absolvere* heißt loslösen. Das *ego te absolvo* beinhaltet nicht mehr und nicht weniger, als dass wir von unseren Fesseln befreit werden. Die Ohnmacht als ein Einweg läuft letztendlich darauf hinaus, dass wir uns selbst von dem freimachen, was uns gefesselt hält. Auf dem Einweg befreien wir uns selbst von dem, was uns festhält. Wobei Ohnmacht zum Weggefährten wird.

Das Freiwerden, von dem hier die Rede ist, handelt nicht von persönlicher Emanzipation. Es sind beispielsweise nicht unsere Hemmungen oder unsere Angst zu versagen, die man damit aus der Welt schafft. Es geht nicht um Selbstfindung, persönliches Wachstum – zu Unrecht auch Entwicklung genannt –, nicht um Selbstmanagement, auch nicht um unser Selbstbild oder darum, unser eigenes Profil zu entwerfen, unsere Möglichkeiten besser kennenzulernen und einzusetzen oder um Selbstverwirklichung und so weiter. Dazu gibt es ein schier unüberschaubares Angebot an Ratgebern und Routenbeschreibungen. Training und Begleitung, Coaching aller nur denkbaren Art ist vorhanden.

Dieser Ansatz oder diese Vorgehensweise, die offenkundig einem bestimmten Bedürfnis entgegenkommt, betrachtet Ohnmacht nicht als Einweg. Aus diesem Blickwinkel heraus versteht man die Ohnmacht bestenfalls als ein Signal dafür, dass man Selbstoptimierung betreiben sollte – im Sinne von: »Es wird Zeit, dass ich mich von all dem entledige, was mich behindert. Machtlosigkeit bringt mich nicht weiter.« Oder: »Wenn ich mich zu etwas nicht in der Lage sehe, muss ich Abhilfe schaffen!« Das Ziel besteht darin, jede mögliche Ohnmachtserfahrung unter Kontrolle zu bekommen. Selbstverständlich wird die Erfahrung nicht geleugnet, aber man sieht sie letztendlich im Rahmen einer Überwindung derselben.

Dies läuft auf eine Leugnung des Absoluten dieser Erfahrung hinaus – und der Möglichkeiten, die dieses Absolute bietet. Aus dem Erleben von Ohnmacht wird ein Auftreten von Ohnmacht in einer bestimmten Situation gemacht. Die Erfahrung als solche wird ausgespart. Es handelt sich vielmehr um eine bestimmte Situation, die Ohnmacht mit sich bringt. An dieser Situation kann und muss etwas geändert werden. Auf diese Weise bleibt die Ohnmachtserfahrung aber außerhalb des Blickfelds. Viele Persönlichkeitstrainings bieten Techniken an, um zu erlernen, wie man sich *aus* der Ohnmacht befreit. Und wenn diese nicht greifen, gibt es immer noch die Unterhaltungsindustrie, die über unerschöpfliche Möglichkeiten verfügt, jede Chance auszuschließen, von dem berührt zu werden, was als unser Vermögen in uns selbst lebt.

Ganz anders ist es, wenn man die Ohnmacht auf eine Weise angeht, dass sich ein Weg zu dem öffnet, was in uns unfrei, was gebunden ist. Dann ist es nicht ein Befreien *aus,* sondern ein Freiwerden *in. In* der Ohnmacht wird man frei. Dies scheint ein weit hergeholtes Paradox zu sein. Umso mehr, als beim Auftreten von Ohnmacht die erste Reaktion wie selbstverständlich ein Ausweichen, eine Fluchtbewegung ist. Es scheint, als ob Ohnmacht uns den Weg zu unseren Möglichkeiten versperrt. Aber vor der Ohnmacht die Flucht zu ergreifen, entfernt uns noch weiter von unseren Möglichkeiten! Zumindest von der Möglichkeit, eine Situation anzuschauen und anzugehen. Auf Ohnmacht einzugehen – dies verlangt notwendigerweise nach einer *Umkehr,* einem Sinneswandel, einer *metanoia.* Gerade in der Umkehrung entsteht Befreiung. Eine Befreiung, die zugleich eine Erlösung ist.

Wunde und Wunder der Inkarnation

Ohnmacht ereignet sich, wenn sich, aus welchen Gründen auch immer, der Zugang zu meiner Potenz nicht mehr finden lässt. Ich erlebe mich wie abgeschnitten von meinem Vermögen, letztendlich erfahre ich mich auch als getrennt von mir selbst. Dieser Zustand des Abgeschnittenseins ist die eigentliche Wunde.

Zwischen dem Ich als Träger seines Vermögens und den konkreten Manifestationen seiner Möglichkeiten gibt es eine unüberbrückbare Kluft: eine Wunde. Jedoch lässt die Erfahrung mich meine Ohnmacht so erleben, als sei sie die Wirkung einer Handlung, die mir zugestoßen ist. Was in diesem Fall Wunde genannt wird, wird mit dieser Handlung unmittelbar verbunden: »Jemand hat mir durch eine bestimmte Tat Unrecht getan, ich bin zutiefst verletzt und kann jetzt nicht mehr weiter!«

Die Wunde wird identifiziert mit dem, was mir zugefügt wurde und was mir Schmerz bereitet. Aber was mir zugefügt wurde, hat in mir die Stelle aufgeweckt, wo ich »wesentlich«, also meinem Wesen nach verwundbar bin. Es ist die Stelle, an der jeder Mensch schon von Geburt an eine Wunde trägt. Es ist die Wunde und das Wunder der Inkarnation. Jeder Mensch wird in einem vollkommenen Zustand der Hilflosigkeit geboren. Als Neugeborener ist er einer Gesamtheit von Handlungen, die er nicht selbst ausführen kann, ausgeliefert. Er kann sich selbst weder stillen noch warmhalten oder beschützen. Das kann nur seine Umgebung tun. Dieses absolute Ausgeliefertsein an die Umgebung nennt Simone Weil (1909–1943) *le malheur*, das Unglück.[33] Nicht *ein* Unglück, sondern *das* Unglück. Es ist ein integraler Teil der *condition humaine*. Das ganze übrige Elend in der Welt ist die Folge dieser primordialen Gegebenheit, nämlich dass wir in totaler Verletzlichkeit auf die Welt kommen. Das Einzige, wozu ein Menschenwesen zunächst imstande ist, ist es, einen Schrei auszustoßen.

Die Erfahrung der totalen Hilflosigkeit, des Ausgeliefertseins, wird in heutigen philosophischen Reflexionen zuweilen auch als »nackte Existenz« bezeichnet. Es ist fraglich, ob sich dieser Begriff mit dem des *malheur* von Simone Weil tatsächlich deckt. Beide Ansätze haben aber die Feststellung gemeinsam, dass im Laufe der Geschichte aufgrund politisch-gesellschaftlicher Motive einzelnen Menschen oder Gruppen diese »nackte Existenz« auferlegt wurde. Es reicht, etwa an die jüngere Krise zu denken, die zunächst »Flüchtlingskrise« genannt wurde, heute aber mit einer gewissen Beharrlichkeit als »Migrationskrise« bezeichnet wird. Der Schritt vom »Geflüchteten« zum »Migranten« ist der Schritt von einem harten, aber potenziell würdigen zu einem harten und faktisch unwürdigen Leben. Die Zehntausende, die in der Falle der griechischen Inseln rettungslos feststecken, sind durch ein Konglomerat von Gesetzen und Beschlüssen zur »nackten Existenz« verurteilt. Was auch immer ihr weiteres Schicksal sein mag, jeder dieser Menschen wurde in der durch Zwang herbeigeführten Situation bis ins Tiefste seines Wesens hinein gebrandmarkt.

Genau das ist auch der Ausdruck, den Simone Weil für diesen Zustand gebraucht: Sie spricht vom »Zeichen der Sklaverei«, davon, dass man zum Sklaven gebrandmarkt wird. Zum Sklaven, der wie kein anderer vollkommen von dem abhängig geworden ist, was die Umstände ihm bieten oder auferlegen. Allerdings ist im Denken von Simone Weil das völlige Ausgeliefertsein kein Zustand, der durch die Maschinerie der Geschichte oder durch machtpolitische Interessen entsteht, sondern ein intrinsischer Teil der Wesensnatur eines jeden Menschen. Sie schreibt, das große Rätsel des menschlichen Daseins sei nicht das Leiden *(souffrance)*, sondern *le malheur*. Anders ausgedrückt: Es handelt sich um ein Mysterium. Das Mysterium der Wunde.

Vermögen schließt in sich die Möglichkeit ein, sich verwirklichen zu können, sich zu *ver-wesent-lichen*. Das noch in sich verhüllte Wesen kommt zur Offenbarung durch eine Art von direkter und ununterbrochener Bewegung. Es setzt sich in Bewegung.

Eine Bewegung der Potenz zu der Form hin, die im Prozess der Verwirklichung entsteht. Die Intention zur Verwirklichung, so wie diese in der Potenz – und zwar nur dort – beschlossen liegt, gerät in Bewegung und geht zur Aktualisierung über.

Diese Bewegung begegnet allen Formen von Widerstand und Begrenzung, die in den äußeren Umständen einer Biografie auftreten können. Auch innere Umstände spielen dabei eine Rolle. Der Prozess von Verwirklichung wird durch das Auftreten von Widerstand nicht notwendigerweise *zurück*gehalten. Obwohl auch hier die Erfahrung eines Zurückgehalten-Werdens auftreten kann. Die Verwirklichung als Bewegung wird aber *auf*gehalten. Und gerade dieses Verlangsamen bietet dem Prozess der Verwirklichung die Chance, immer näher an eine geeignete Ausdrucksform zu gelangen. Den Widerstand kann man als den Vorgang begreifen, der es möglich macht, dass die anfängliche, prinzipielle Unbestimmtheit der Potenz in einer *schrittweise* den Prozess begleitenden Selbstbestimmung ihre Aktualisierung findet. Jedoch nicht jeder Widerstand macht dies möglich. Nur, was gewöhnlich Resilienz genannt wird, bildet jene Kraft, mit der diese Bewegung, koste es, was es wolle, letztendlich ihre eigene Form der Verwirklichung erreicht. Auch wenn das Jahre dauern kann, ja manchmal sogar ein ganzes Leben.

Es gehört zum Wesen der Potenz, dass auch dann, wenn die Bewegung nicht wirksam gemacht werden kann, sie als Vermögen nicht verlorengeht. Was wegfällt, ist die Verbindung mit ihr und die Fähigkeit, sie aus eigener Kraft in Bewegung zu setzen. Obwohl es nicht unbedingt so erfahren wird, liegt da die wahre Wunde. Das Geheimnis der Wunde hat viele Facetten. Und dieser Aspekt zählt eindeutig dazu: nicht die Möglichkeit zu finden, das, was die Eigenheit zutiefst ausmacht, zeigen zu können. Das kann sich in dem Schmerz ausdrücken, nicht verstanden zu werden oder nicht wahrgenommen zu werden. Oder darin, davor zurückzuschrecken, sich erkennbar – und damit verletzlich – zu machen, aus Angst vor den Risiken, die damit einhergehen.

Nun sind die äußeren Umstände manchmal so, dass gar kein Raum vorhanden ist und damit nicht einmal erste Ansätze des Sich-in-Bewegung-Setzens möglich sind. Es handelt sich hier um eine Potenz, die keine Form erlangen kann. Simone Weil spricht von *vie-sans-forme*, was auf eine Verurteilung zur »nackten Existenz« hinausläuft: auf das Überleben. In bestimmter Hinsicht bewahrt man weiterhin seine Würde, denn das Verfügen über ein Vermögen ist der Boden, in dem die Würde eines jeden Menschen wurzelt. Aber das, was einem völlig abgenommen wurde, ist die Möglichkeit, dieser Würde Ausdruck zu verleihen, um sie auch für andere Menschen wahrnehmbar zu machen. Wer keinen anderen Ausweg hat, als zu betteln, besitzt keine Möglichkeit mehr, dieser Würde ein Gesicht zu geben, selbst wenn sie in diesem Menschen als Potenz intakt anwesend ist.

Betteln kann in unterschiedlicher Gestalt auftreten. Es geht nicht nur um die grundlegenden materiellen Bedürfnisse eines menschenwürdigen Daseins. Es kann sich auch um ein Betteln um seelische Wärme, Nähe, Aufmerksamkeit, Zuneigung oder Wahrgenommen-Werden handeln. Viele Kinder wurden in der Wohlstandsgesellschaft zu dieser Form des Bettelns verurteilt. Aber nicht nur Kinder! Dieses Betteln hinterlässt tiefe Spuren, die wir mit Recht als Traumata bezeichnen, denn sie sind der primordialen Wunde des Menschseins als solcher nahe. Prinzipiell kann uns die primordiale Wunde die menschliche

Würde nicht nehmen. Aber Verwundungen, die wir im Laufe des Lebens erlitten haben, sind dazu imstande.

In jedem Prozess, der zum *tiefsten* Punkt, dem Punkt der Ohnmacht, führt, liegt eine Chance. Nicht zur Überwindung der Ohnmacht, sondern zur Auferstehung aus der Ohnmacht. In den Worten Rudolf Steiners: »Dann, wenn man genügend kräftig diese Ohnmacht empfindet, dann kommt der Umschlag.« Dieser »Umschlag«, eine Art Wende, bildet den Augenblick, in der in der Seele die heilenden Kräfte geweckt werden; wir nehmen wahr »[...] daß wir etwas in unserer Seele tragen, das aus dem Tode jederzeit auferstehen kann im eigenen inneren Erleben.«[34]

Es geht in erster Instanz um eine Auferstehung aus der Ohnmacht, welche die Verwundungen im Laufe des Lebens heilen kann – jedoch nicht die primordiale Wunde. Denn diese Wunde gehört zum Menschsein essenziell dazu. Das Bild, das Walter Benjamin neben dem *Angelus Novus* von Klee ständig in seiner Nähe hatte, war der Auferstandene von Matthias Grünewald. Christus, dargestellt als derjenige, der durch den tiefsten Punkt der Ohnmacht hindurchgegangen ist. Nicht als derjenige, der den Tod überwunden hat, sondern als derjenige, der im Tode neues Leben hat aufkeimen lassen. Eine Gestalt, die wie eine Morgensonne aufgeht und uns ihre Wunden zeigt.

Aus der Ohnmacht auferstehen

Gewisse Bildwerke von Michelangelo Buonarroti (1475–1564) haben im Laufe der Zeit die Aussagekraft einer Ikone bekommen. Zu ihnen gehören auch die sogenannten Pietà-Darstellungen, die über die gesamte Zeit seines künstlerischen Schaffens hinweg entstanden sind. Es lohnt sich, drei von ihnen im Kontext dieser Ausführungen näher anzusehen, denn jede Skulptur für sich kann auch als eine Art Momentaufnahme des Auferstehungsprozesses aus der Ohnmacht betrachtet werden. Es ist wichtig, sich dabei zu vergegenwärtigen, dass man nicht *aus* der Ohnmacht auferstehen kann, wenn man zuvor nicht *in* sie hineingegangen ist. Beides, das Eintauchen in die Ohnmacht und das wieder aus ihr Auferstehen-Können sind Teil eines Zusammenhangs, den man als einen Weg *durch die Ohnmacht hindurch* beschreiben kann.

Jedoch sollte man sich diesen Weg nicht wie die Fahrt durch einen Tunnel vorstellen. Dort geht es zunächst aus dem Licht ins Dunkel und nach einiger Zeit erscheint am Ende wieder Licht – ein Bild, das heutzutage sehr gerne verwendet wird. Zwischen dem Hineingehen in die Ohnmacht und dem Auferstehen aus ihr gibt es allerdings ein weiteres Element, einen Zwischenraum: den Ort, an dem der »Umschlag« stattfindet. Der Weg durch die Ohnmacht ist also dreiteilig. Es sind drei Schritte, und in den Skulpturen Michelangelos hat sich jeweils einer dieser drei relevanten Momente herauskristallisiert. Man könnte daher auch von einer Art Triptychon sprechen.

Die Erfahrung der Ohnmacht lässt sich ebenfalls als eine Art Triptychon verstehen: 1. Man steigt in die Erfahrung ein. – 2. Man erreicht den tiefsten Punkt und den Moment des Umschlags. – 3. Man ersteht aus der Erfahrung wieder auf. Oder, um mit Rudolf Steiner zu sprechen: 1. Die Seele erleidet die Ohnmacht. – 2. Die Seele erlebt den tiefsten Punkt als ein Sterben; es findet ein Umschlag statt. – 3. Es kommt zur

Auferstehung des Geistes in der Seele. Zusammengefasst sind das die Schritte: Leiden – Tod – Auferstehung.

Keiner, der ehrlich diese Selbsterkenntnis anstrebt, wird sich anderes heute als Mensch sagen können als: Ich kann das nicht fassen, was ich eigentlich anstrebe. Ich bleibe mit meiner Fassungskraft hinter dem, was ich anstrebe, zurück; ich empfinde meine Ohnmacht gegenüber meinem Streben. – Es ist dieses Erleben ein sehr wichtiges. Dieses Erleben müßte jeder haben, der ehrlich mit sich selbst, in Selbsterkenntnis zu Rate geht: ein gewisses Ohnmachtsgefühl. Dieses Ohnmachtsgefühl ist gesund, denn dieses Ohnmachtsgefühl ist nichts anderes als das Empfinden der Krankheit, und man ist ja erst recht krank, wenn man eine Krankheit hat und sie nicht fühlt. Indem man die Ohnmacht empfindet, sich zum Göttlichen zu erheben in irgendeinem Zeitpunkte seines Lebens, fühlt man in sich jene Krankheit, von der ich gesprochen habe, die uns eingepflanzt ist. Und indem man diese Krankheit empfindet, empfindet man, daß die Seele durch unseren Leib eigentlich, so wie der Leib heute ist, verurteilt wäre mitzusterben. Dann, wenn man genügend kräftig diese Ohnmacht empfindet, dann kommt der Umschlag. Dann kommt das andere Erlebnis, das uns sagt: Aber wir können, wenn wir uns nicht an dasjenige hingeben, was zu erreichen wir durch unsere Leibeskräfte allein imstande sind, wir können, wenn wir uns hingeben an dasjenige, was uns der Geist gibt, überwinden diesen innerlichen Seelentod. Wir können die Möglichkeit haben, unsere Seele wiederzufinden und an den Geist anzuknüpfen. Wir können erleben die Nichtigkeit des Daseins auf der einen Seite und die Verherrlichung des Daseins aus uns selber, wenn wir hinüberkommen über das Spüren der Ohnmacht. Wir können die Krankheit spüren in unserer Ohnmacht, wir können [aber auch] den Heiland, die heilende Kraft spüren, wenn wir die Ohnmacht [erlebt haben], dem Tode verwandt geworden sind in unserer Seele. Indem wir den Heiland spüren, fühlen wir, daß wir etwas in unserer Seele tragen, das aus dem Tode jederzeit auferstehen kann im eigenen inneren Erleben. – Wenn wir diese zwei Erlebnisse suchen, finden wir in unserer eigenen Seele den Christus.

Rudolf Steiner[35]

Die Vatikanische Pietà

Michelangelo war noch nicht einmal 25 Jahre alt, als er 1499 die aus einem einzigen Marmorblock geschlagene, sogenannte *Vatikanische Pietà* vollendete. Die aus jeder Perspektive unübertroffene und aufgrund ihrer Schönheit weltberühmte Skulptur befindet sich heute im Petersdom in Rom. Im Italienischen bedeutet *pietà* Frömmigkeit, aber auch Mitleid und Erbarmen. Noch immer rührt diese junge Mutter mit ihrem verstorbenen Sohn die vorbeiströmenden Betrachterinnen und Betrachter aus der ganzen Welt zu Tränen.

Die Darstellung bezieht sich auf einen Vers aus dem *Paradies* in Dante Alighieris (1265–1321) *Göttlicher Komödie* (vgl. S. 57). Zurückweichend nimmt sie ihn ein letztes Mal auf ihren Schoß. Sie hat nicht länger die Kraft, ihn zu tragen. Die linke Hand verharrt in einer zarten Gebärde des Nicht-mehr-Könnens, die rechte ist nicht imstande, den Leib zu unterstützen, sein Haupt neigt sich schon zur Erde hinab. Er, der Sohn, ist tatsächlich das Ganze, aus dem heraus sie, die Mutter, geboren wird – genau in dem Moment, als sie ihn den Kräften

> O Jungfrau Mutter, Tochter deines Sohnes
> demütigstes und höchstes aller Wesen,
> vom ewigen Ratschluß schon als Ziel erkoren,
> Du bist es, die die menschliche Natur
> so edel schuf [...].
>
> Dante Alighieri[36]

der Schwere und des Todes überlässt. Letztendlich erleidet sie dabei die Wunde der Menschheit. Die erste Wunde, mit der wir alle geschlagen sind, die sich bei jeder Erfahrung der Ohnmacht in Erinnerung ruft und die uns erneut zur Ohnmacht führt. Das Motiv der Pietà wird Michelangelo zum Lebensthema werden.

Die Pietà Bandini

Die *Pietà Bandini* befindet sich im Dommuseum in Florenz und ist wohl in der Zeit zwischen 1547 und 1555 entstanden. Obwohl die Skulptur als *Pietà Bandini* bekannt geworden ist, bleibt offen, ob es sich nicht vielleicht um eine Kreuzabnahme oder eine Grablegung handelt. Denn in mehr als nur einer Hinsicht hat Michelangelo hier mit der Tradition gebrochen. Und es fällt sofort auf, dass die Skulptur unvollendet geblieben ist.

Drei Figuren versuchen, den toten Körper Christi zu tragen, aber es gelingt ihnen kaum. Wer hier dargestellt wird, ist unsicher. Die zentrale Figur hinter Christus zeigt eine Ähnlichkeit

Michelangelo Buonarroti, *Vatikanische Pietà*, 1498/99,
Petersdom, Vatikan, Rom

Michelangelo Buonarroti,
Pietà Bandini, 1547–55,
Museo dell'Opera del Duomo,
Florenz

Michelangelo Buonarroti,
Pietà Rondanini, 1552/53–64,
Museo d'Arte Antica,
Castello Sforzesco, Mailand

mit den Gesichtszügen Michelangelos. Ist es vielleicht Josef von Arimathäa? Oder Nikodemus? Bis zum heutigen Tag bleibt dieses Rätsel ungelöst, ebenso die Zuordnung der beiden weiblichen Figuren links und rechts. Die Mutter hingegen, die traditionellerweise mit ihrem verstorbenen Sohn auf dem Schoß dargestellt wird, sucht man in dieser Pietà vergebens.

Dafür, so könnte man sagen, wird hier die Menschheit gezeigt: Gemeinsam sind die drei Figuren mit dem Versuch beschäftigt, den Leichnam eines Verstorbenen zu tragen – oder anders ausgedrückt: das Unerträgliche zu tragen. Wie ein herausgehobener Moment aus einem stetig andauernden Ohnmachtserlebnis wirkt diese Skulptur. Im Vergleich zum Vollendeten der *Vatikanischen Pietà* zeigt sie eine gewisse Rohheit, sogar Spuren eines gezielten Versuchs, sie zu zerstören. Bis heute werden diese Spuren dem Künstler selbst zugeschrieben. Der Legende nach soll er es aus Wut getan haben.

Hat Michelangelo hier vielleicht seine eigene Ohnmacht darstellen wollen? Wenn dem so wäre, ist es ein Missverständnis zu glauben, Michelangelo hätte die Skulptur nicht vollenden können. Seit seiner Jugend lieferte er jeden nur erdenklichen Beweis, ein vollendeter Künstler zu sein. Handelte es sich vielleicht stattdessen um ein tiefes Ringen mit dem Mysterium des Todes, wie es sich auch in seinen Gedichten manifestiert (vgl. S. 61)?

Die Pietà Rondanini

Die *Pietà Rondanini* im Castello Sforzesco in Mailand wird oft als das Vermächtnis Michelangelos bezeichnet. Vermutlich um 1552/53 begonnen, soll diese Skulptur Michelangelo bis kurz vor

Mir einzubilden anderes Gebild
aus Schatten oder Erde ist mir eben
in meinem höchsten Denken nicht gegeben,
so daß es wider deine Schönheit gilt.

Von dir gekehrt, schein ich mir gleich ganz schwach.
Rasch hat der Gott mir allen Wert entzogen.
Mein Elend, um die Linderung betrogen,
verdoppelt sich und gibt dem Tode nach.

So ist es sinnlos, daß ich im erschrocknen
Entfliehn beharre und das Gegen-Schöne
antreibe. Schnellres holt das Lahme ein.

Der Gott kommt selber mir die Augen trocknen,
verspricht, daß ich mich aller Not versöhne;
was so viel kostet, kann nicht wenig sein.

Michelangelo Buonarroti[37]

seinem Tode beschäftigt haben. Auch sie ist unvollendet geblieben. Die vordere der beiden Figuren lässt sich mit Christus identifizieren. Die hintere bleibt rätselhaft, doch die zarte Innigkeit des kaum ausgearbeiteten Antlitzes legt die Interpretation nahe, dass seine Mutter dargestellt ist. Anders als bei der *Pietà Bandini* deutet hier nichts darauf hin, dass es sich um eine Kreuzabnahme handeln könnte.

Die Gestik der beiden Figuren lässt nicht eindeutig erkennen, wer aktiv trägt und wer getragen wird. Und je länger man sich um die Skulptur herumbewegt, sie von allen Blickrichtungen

Mein Gott, diese Zeiten sind zu hart für so zerbrechliche Menschen wie ich. Ich weiß, daß danach wieder andere, humanere Zeiten kommen werden. Ich möchte so gern am Leben bleiben, um all die Menschlichkeit, die ich trotz allem, was ich täglich mitmache, in mir bewahre, in diese neue Zeiten hinüber zu retten. Es ist die einzige Möglichkeit, die neue Zeit vorzubereiten, indem wir sie schon jetzt in uns vorbereiten. Irgendwie fühle ich mich innerlich ganz leicht, ohne jede Erbitterung, ich spüre so viel Kraft und Liebe in mir. Ich würde gern am Leben bleiben, um die neue Zeit vorbereiten zu helfen und das Unzerstörbare in mir für die neue Zeit aufzubewahren, die sicherlich kommen wird. Sie kommt ja täglich näher, ich spüre es doch.

Etty Hillesum[38]

aus anschaut, desto deutlicher wird: Beide tragen einander – in einer sich bis ins Unendliche steigernden Kraft des Sich-Erhebens aus der Schwere. Beide sind dabei, sich zu erheben. Doch so wie die Skulptur unvollendet geblieben ist, so bleibt auch ihre Dynamik offen. Notwendigerweise, denn die Bewegung hat gerade begonnen. Die *Auferstehung* hat eben erst begonnen. Der Prozess als solcher bleibt uns allerdings verschlossen. Es ist eine Art offenes Geheimnis. Es findet vor unseren Augen statt, aber es gibt kein »Sesam öffne dich!« dafür. Nur der Künstler in uns hat die Möglichkeit, eine erste, ganz anfängliche Ahnung davon zu bekommen. Im Bereich einer Kunst, in der sich jeder von uns üben kann: der Kunst, wach zu bleiben!

Kapitel II
Das Mysterium des Bösen

Der Sohn ist jetzt allein, er hat nun genug in Gleichnissen gesprochen, er hat den anderen die Füße gewaschen, jetzt klammert er sich an die Erde und fürchtet sich.

György Konrád[39]

Während der eingangs beschriebenen Konferenz in Dresden nahmen die Fragen nach dem Bösen und seiner Wirkung in den Vorträgen, Arbeitsgruppen und Gesprächen eine zentrale Stellung ein. Denn jede Verwundung bringt einen Schmerz mit sich. Und wo Schmerz eintritt, ist das Böse wirksam. Jedenfalls lehrt das die unmittelbare Erfahrung. Aber stimmt das überhaupt? Die vielen Fragen, die den Prozess in Dresden mitbegleitet haben, konnten nicht beantwortet, nur vertieft werden. Und sie lassen sich letztlich in einer einzigen Frage zusammenfassen: Wozu ist das Böse in der Welt? Darum soll es in diesem zweiten Kapitel gehen.

Ein Ausweg, der ein Einweg werden kann

Eine der ältesten Fragen der Menschheitsgeschichte ist die des Hiob. Lange Zeit war es eine Frage, die einzig und allein Gott gestellt wurde. Eine Frage, die sich in einem einzigen Wort zusammenfassen lässt: Warum? Warum werde ich vom Bösen angegriffen? Oder meine Nächsten? Oder meine Mitmenschen? Weltweit?

Es folgten unzählige weitere Menschen, die sich mit dieser Frage konfrontiert sahen – bis heute. Etwa eine Freundin, die mich anruft und sagt: »Heute Nacht habe ich nicht schlafen können. Ich konnte die Bilder der erschossenen Kinder in den Straßen von Myanmar nicht loswerden! Warum werden Unschuldige getroffen? Und warum sind die Täter frei? Es geht ihnen sogar gut! Warum?«

Und die Frage führt noch weiter: Weil ich als Zeitgenosse an diesen Fragen so wach geworden bin, dass ich ohnehin nicht mehr einschlafen kann, bin ich der Ohnmacht ausgeliefert. Warum? Werde ich jetzt also auch noch bestraft für mein Wachsein? Wäre es nicht besser gewesen weiterzuschlafen? Oder soll ich eben einen Weg suchen, wie ich mich beruhigen kann? Eine mehr oder weniger tiefsinnige Begründung für diesen Siegeszug des Bösen finden? Oder mich auf eine Insel der Glückseligen zurückziehen, einem selbstgeschaffenen Paradies – es kann ja auch ein Virtuelles sein?

Sogar seinen Glauben an einen Gott aufzugeben, bietet keinen Ausweg. Glaube heißt auch Vertrauen. Beide haben wir längst verloren. Denn wo bleibt die Allmacht Gottes? Würde er nur ein Mal, ein einziges Mal das Recht siegen lassen – das würde schon ausreichen. Zu zeigen, dass es ihn gibt. Zu zeigen, dass er es kann. Oder kann er es vielleicht gar nicht?

An diesem Punkt fängt der Einweg an. An dem Punkt, wo weder ein Gott noch menschliche Sinngebung eine Antwort geben können. Weder eine altbewährte Weisheit noch eine erhabene Ethik. Nur die Ohnmacht und die Wunde als primäre Erfahrung bringen einen dorthin, wo eine Antwort möglich wird. Aber sie ist nicht garantiert. Sie kann auch ganz einfach ausbleiben.

Die Frage nach einem »Warum des Bösen« macht es schwierig. Doch bringt mich diese nicht zu beantwortende Frage – wenn ich bei diesem Unbeantworteten wach bleiben kann – zum Guten. Damit bekommt das »Warum« doch eine Antwort. Das Böse ist dazu da, damit das Gute wachsen kann, wie Rudolf Steiner erläutert:

> *Da reden die Menschen von Gut und Böse, und sie wissen nicht, daß es im Weltenplan notwendig ist, daß das Böse auch zu seiner Spitze kommt, damit diejenigen, die dieses Böse überwinden müssen, gerade in der Überwindung des Bösen die Kraft so nützen, daß ein um so größeres Gutes herauskommt.*[40]

Wie kann man das verstehen? Nicht so, dass es von nun ab immer mehr und mehr gute Taten geben wird! Jedoch so, dass, wenn das Gute sich regt und zeigt, seine Substanz an Wesens- und Wirkungsmacht, an Intensität zunimmt. Sogar die kleinste, unscheinbarste Äußerung des Guten gewinnt an Wirkungsmacht, weil sie in der Ohnmacht der unbeantworteten Frage wurzelt und aus dieser Ohnmacht sich erst zum Guten entfalten kann. Dagegen äußert sich das Böse in einer zunehmenden Anzahl von Tathandlungen. Es tritt in den Vordergrund und besetzt so viel Raum wie nur möglich.

Das Gute bezieht sich auf den Zusammenhang alles Lebendigen und ist dazu bereit, sich selbst zurückzunehmen, damit ein Zusammenhang erst entsteht oder geheilt wird.

Kann deswegen von einer Steigerung des Bösen die Rede sein? Nimmt das Böse zu? Kann ich mich als Einzelner davor schützen? Oder müssen wir von einer exponentiell wachsenden Wirkung des Bösen sprechen, wodurch sich eine nicht mehr endende Welle von Konflikten und Gewalt über die Menschheit und im Leben eines jeden Einzelnen ergießt? Ist ein Krieg oder eine Pandemie also eine Auswirkung des Bösen? Oder müssen wir nicht vielmehr die Polarisierung – bei der Fakten und Meinungen einander immer wieder unversöhnlich gegenüberstehen – als die eigentliche Wirkung des Bösen begreifen? Zumindest als die reale Intention der Mächte des Bösen?

Da fängt das Fragen an, das sich notwendigerweise auf die Erfahrung als solche bezieht, noch nicht aber auf das Böse als einer Instanz, die diese Erfahrung bewirkt.

Viele Zeitgenossen werden geneigt sein, einer Zunahme des Bösen zuzustimmen. Das entspricht ihrer unmittelbaren Erfahrung. Was als »böse« bezeichnet wird, ist, wie gewisse Auswirkungen des Bösen an mich herankommen und sich manifestieren. Das, was selbstverständlich war, hat aufgehört, es noch zu sein. Immer weniger scheint sich der Umkehrpunkt zu zeigen, an dem die frühere »Normalität« und Sicherheit wiederhergestellt werden könnten. Der Moment, in dem man das frühere Leben wiederfinden kann, rückt in immer weitere Ferne. Und es gibt kein »Woanders«, in das man sich retten könnte. Oder wie Arthur Zajonc (der ehemalige Generalsekretär der

Anthroposophischen Gesellschaft in den USA) es einmal ausdrückte: »Es gibt keine sicheren Orte mehr, an denen man sich verstecken kann.«[41] So wird man immer mehr zum machtlosen Zuschauer gegenüber den Phänomenen, die wir als die »Wirkungen des Bösen« bezeichnen können. Aber sind wir dazu verurteilt, Zuschauer zu bleiben?

Woher kommt das Böse? Woher kommt das Unverständliche des Bösen? Wieso nennen wir es ein »Rätsel«? Und betrachten wir das Gute oft als weniger rätselhaft? Sogar als »selbstverständlich«? Als ob wir das Gute, nicht aber das Böse verstehen könnten? Oder sind uns beide ein Rätsel und wir verstehen weder das eine noch das andere? Jede Tat hat einen konkreten Inhalt. Es ist dasjenige, was getan worden ist. An erster Stelle werden Gut und Böse aufgrund dieses Inhalts unterschieden und gedeutet. Bei einer sogenannten kriminellen Handlung ist die Frage nach dem vorangehenden Motiv, das heißt nach der Stufe des Bewusstseins bei der Tathandlung, entscheidend für die Schuldfrage. Ein Motiv ist das, was mich zu einer Tat veranlasst – und das kann nur bewusst sein. Ansonsten ist die Rede von einem unwiderstehlichen Drang, der jemanden unmittelbar ins Handeln gestürzt hat.

Aber das Böse lässt sich nicht auf einen Täter und seine Tat einengen. Denn das Böse wirkt. Es hat eine unverkennbare Auswirkung. Eine Auswirkung, die andere trifft und Schmerz bereitet. Und es ist genau diese Auswirkung, die es ermöglicht, überhaupt von einer bösen Tat zu sprechen.

In einer Betrachtung über Hannah Arendts (1906–1975) *Eichmann in Jerusalem*[42] anlässlich des Gedenkens an die Befreiung der Konzentrationslager vor damals 75 Jahren, beschreibt Hans Achterhuis (*1942), wie schockierend es für ihn und viele andere gewesen sei, dass die Autorin Eichmann nicht als die Summe alles Bösen dargestellt hatte. Die Form ihrer Darstellung wurde als unangemessen gegenüber dem Ausmaß des Verbrechens empfunden, das im Gerichtssaal verhandelt wurde. Arendts ikonische Aussage von der »Banalität des Bösen« wurde nicht nur nicht verstanden, sondern auch vehement zurückgewiesen. Denn wenn Eichmann von ihr als die Verkörperung des Bösen schlechthin dargestellt worden wäre, hätte sich dann nicht jeder selbst guten Gewissens als auf der Seite des Guten stehend betrachten können?

Schon Kinder kennen im Kleinen diese Erfahrung: Ein Schüler hat in der Schule mit Absicht etwas zerstört und wird darauf angesprochen. Sehr leicht kann dann eine spontane Empfindung des eigenen »Gutseins« auftreten, was man gewissermaßen sogar genießt. Arendts Deutung aber verhinderte, dass man angesichts der Taten, wegen derer Eichmann angeklagt worden war, einfach auf jemand anderen zeigen konnte, wenn es um die Schuldfrage ging. Wenn eine vollkommen durchschnittliche Person – ein Beamter mit einem vollkommen durchschnittlichen Leben – als Staatsfunktionär zu solcher Unmenschlichkeit fähig war, hieß dies letztendlich, dass kein Mensch davor gefeit ist.

Die relative Beruhigung eines dualen Denkens über Gut und Böse, das zwischen einem guten und einem bösen Menschen scheinbar genau zu unterscheiden vermag, hat spätestens mit der Betrachtung Arendts aufgehört. Die Frage, ob ich selbst ein ähnliches Verbrechen gegen die Menschlichkeit hätte ausüben können, klopft an die Tür. Im letzten Absatz ihrer Reportage schreibt Arendt: »In diesen letzten Minuten war es, als zöge Eichmann selbst das Fazit der langen Lektion in Sachen menschlicher Verruchtheit, der wir [im Prozess] beigewohnt hatten – das Fazit von der furchtbaren *Banalität des Bösen,* vor der das Wort versagt und an der das Denken scheitert.«[43]

Die geöffnete Tür

In mancher Hinsicht kann Rudolf Steiner als derjenige betrachtet werden, der in immer wieder anderen Kontexten darauf hingewiesen hat, dass heutzutage die Tür zur Frage nach dem Sinn des Bösen und seiner Wirkungen offensteht. Denn eine Antwort auf die Frage »Wozu das Böse?« – und nicht »Warum das Böse?« – wird in seinem Werk immer wieder thematisiert. Das heißt nicht, dass ein Fragender dort eine endgültige Antwort bekommen würde. Vielmehr kommt es darauf an, dass sein Fragen wirksam wird. Denn die Wirksamkeit einer Frage enthält die einzig mögliche Antwort – eine Antwort, die sich nur in einem Wirksamwerden entfalten kann. Ein besonders bekanntes Beispiel dafür ist die Frage von Parzival an Anfortas.[44]

Das Offenstehen der Tür ist eine radikal neue Tatsache. Schon deshalb ist es nicht überraschend, dass wir uns ihrer nicht klar bewusst sind. Wir spüren, ja wir ahnen es sogar, aber oft schauen wird in die falsche Richtung. Umso mehr, als die Wirkungsmacht des Bösen uns fasziniert und fesselt. Wir schauen in Richtung der Täterschaft, möchten zum Beispiel – nicht ohne einen gewissen Hang zur Vergewisserung, selbst

»gute Menschen« zu sein – das Profil des Täters kennenlernen. Aber was findet statt, wenn wir uns, aus welchen Gründen auch immer, umwenden? Genau dies kann ein Blick durch die offene Tür uns zeigen: Ich bin kein guter Mensch! Ich finde jetzt die Frage in mir: »Hätte ich Ähnliches begehen können?« Nicht: »*Habe* ich je Ähnliches begangen?« Darauf wäre die einfache und klare Antwort in den meisten Fällen: »Nein, nie!« Aber die Frage, um die es hier geht, lautet: »*Hätte* ich …?«

Im Oktober 1918, der Erste Weltkrieg ist fast zu Ende, hält Rudolf Steiner eine Reihe von Vorträgen, worin jeder Kulturperiode ein bestimmtes Entwicklungsprinzip zugeschrieben wird, das als zentrales Motiv für die ganze Epoche gilt. Die Wirksamkeit eines solchen Prinzips vergleicht Steiner mit der Wirksamkeit einer Einweihung. Es geht tatsächlich um eine Einweihung. Und Einweihung heißt immer, dass dasjenige, was von außen wirksam war, von nun ab auch von innen wirksam wird.

Für das heutige Zeitalter, das Zeitalter der Bewusstseinsseele, ist das Prinzip die »Einweihung in die Mysterien des Bösen«. Das Böse wirkt nun nicht mehr nur von außen auf uns ein, sondern auch von innen. Das heißt, das Böse übt seine Wirksamkeit ausgehend von dieser »Neigung zum Bösen« aus, die wir in uns tragen. Die durch das Einweihungsprinzip geöffnete Tür lässt uns auf diese innere Veranlagung zum Bösen in uns selbst schauen. Diese Kräfte »sind wahrhaftig nicht da, um böse Handlungen hervorzurufen, sondern sie sind gerade dazu da, damit der Mensch auf der Stufe der Bewusstseinsseele zum geistigen Leben durchbrechen kann.«[45] Obwohl Steiner in diesen Vorträgen den Manichäismus nicht explizit erwähnt, ist ein unverkennbar »manichäischer Grundton« präsent, wobei Verbindungen zur manichäischen Anthropologie deutlich nachweisbar sind.

Die Bewusstseinsseele ist durch das Vermögen gekennzeichnet, sich von der Umgebung abschließen zu können, wodurch ein persönlicher Weg der Befreiung aus sozialen, kulturellen und religiösen Verbindungen möglich wird. Es ist das Ich, das sich seiner Möglichkeiten bewusst wird, um zum Beispiel eigennützig Macht über ein anderes Ich auszuüben. Aber aus Rückzug kann auch Absonderung werden, was oft mit Gefühlen von Angst und Einsamkeit verbunden ist. Es sind die beiden Seiten der Medaille: Emanzipation und ein Auf-sich-selbst-zurückgeworfen-Sein. Doch, so Steiner: »Der Mensch muss den Weg durch die Bewußtseinsseele machen, wenn er in seiner Art die Kräfte des Geistselbstes, des Lebensgeistes, des Geistesmenschen aufnehmen will.«[46] Der Hinweis »in seiner Art« ist an diesem Punkt ausschlaggebend: Es bedeutet, dass das Ich als zweischneidiges Schwert an dieser zukünftigen Entwicklung teilhat, sodass auf dem weiteren Weg der Menschheit – durch das Ich und dank ihm – die Freiheit zu einem integralen Bestandteil werden kann.

»... vor der das Wort versagt und an der das Denken scheitert«

Die abschließenden Worte Hannah Arendts in ihrem Text zum Eichmann-Prozess (April bis Dezember 1961) und das Ringen darum, ihn einzuordnen, haben heute eine noch größere

Tragweite bekommen. Sie umspannen ein sich weltweit ausdehnendes Feld, auf dem – unter der Oberfläche des scheinbar Alltäglichen – ungeheure Verbrechen gegen die Menschheit stattgefunden haben und noch immer stattfinden. Das Böse kann unter dem Deckmantel größter Normalität seine Wirksamkeit ausüben, und der Täter ist ein Mensch wie ich und du.

Diese an sich erschütternden Einsichten Hannah Arendts reichen aber nicht aus, das Böse in all seinen Dimensionen zu erfassen. Obwohl es schon ein sehr wichtiger Schritt ist, anzuerkennen, dass jeder Mensch die Möglichkeit zum Bösen in sich trägt – ähnlich wie die Möglichkeit zum Guten. Bereits hier könnte das Wort versagen und das Denken scheitern.

In einem frühen Vortrag über das Thema Gut und Böse, in dem er insbesondere über den Manichäismus spricht, gibt Rudolf Steiner Einblicke, die diese Betrachtungen noch weiter vertiefen können. Und obwohl der Vortrag schon zu Beginn des 20. Jahrhunderts gehalten wurde, ist er von brennender Aktualität. Denn für Steiner hat das Böse einen gerechten Platz in der Schöpfung. Das Böse ist kein Sonderfall, kein bedauerlicher Unfall der nicht hätte stattfinden sollen. Das Böse hat Steiner zufolge innerhalb der Schöpfung eine Rolle zu erfüllen, wobei er sich in diesem Punkt nicht nur dem Manichäismus anschließt, sondern diesen auch erweitert: Das Böse ist seiner Auffassung nach kein Phänomen, das außerhalb der Schöpfung oder außerhalb des göttlichen Willens entstanden ist und eigentlich nicht hätte existieren dürfen. In diesem Kontext erwähnt Steiner den Manichäismus als eine Anschauung, in der das Böse »als ein integraler Teil des Kosmos« betrachtet wird:

Ein Kernpunkt der manichäischen Lehre ist der Satz vom Guten und vom Bösen. Für die landläufige Anschauung bilden das Gute und das Böse zwei absolute, miteinander unvereinbare Gegensätze, von denen das eine das andere ausschließt. Dagegen ist das Böse nach der Ansicht der Manichäer ein integrierender Bestandteil des Kosmos, es arbeitet an dessen Evolution mit und muß zuletzt durch das Gute absorbiert, verwandelt werden. Den Sinn von Gut und Böse, von Lust und Schmerz in der Welt zu studieren, ist die große, einzigartige Mission der Manichäer.[47]

Für Rudolf Steiner steht ein künftiger Auftrag des Manichäismus in direktem Zusammenhang mit der Art und Weise, wie die Frage von Gut und Böse ihre Position innerhalb der gesamten Kosmogonie und Anthropologie einnimmt. Es sei bemerkt, dass im manichäischen Schöpfungsmythos die moralische Dimension erst dann Bedeutung bekommt, wenn der Mensch sich bewusst wird, dass auch er aus beidem, aus Licht *und* Finsternis, geschaffen worden ist. Diese Einsicht, die in den gnostischen Strömungen allgemein mit dem Begriff »Gnosis« oder »Erkenntnis« bezeichnet wird, ruft gleichzeitig auch zur Verantwortung im Handeln auf. Licht und Finsternis sind schöpferische Prinzipien. Sie führen zum Guten und zum Bösen erst dann, wenn der Mensch sich ihrer als Instanzen, die er in sich trägt, bewusst wird.

Das Zeitalter der Bewusstseinsseele markiert den Punkt, an dem ein erster Anfang in diese Richtung gemacht werden kann. Die geistigen Kräfte, die als Wirkungsmacht des Bösen im »Weltenall herrschen«, werden von unserer Zeit an integraler

Bestandteil des menschlichen Ich. Damit wird es auch möglich, dass diese Kräfte umgeformt und erlöst werden können. Erlösung ist ein Geschehen, das sich nur von Wesen zu Wesen vollziehen kann. Dem Menschen ist zugewiesen, die Mächte des Bösen *in sich selbst* so kennenzulernen, dass ein Anfang dieser Erlösung stattfinden kann. Es geht dabei nicht so sehr um aufsehenerregende Taten, das Geschehen spielt sich vielmehr in den täglichen Verwicklungen des Lebens ab. In dem gleichen Vortrag spricht Steiner über das Ausüben des vorurteilslosen Interesses für den Mitmenschen auch als einem Lernprozess, bei dem wir die andere Wirklichkeit kennenlernen können, so wie sie ist. Dass dies erst noch geübt werden muss, wird auch in einem Vortrag aus dem Jahr 1918 angesprochen: »Die Menschen sehen einander heute noch so, dass sie über das Allerwichtigste hinwegschauen, daß sie eigentlich keinen Blick für den anderen Menschen haben.«[48]

In seinem Vortrag über den Manichäismus spricht Steiner, nachdem er in die manichäische Kosmogonie eingeführt hat, dann wieder über das Böse und fasst zusammen: »[…] nicht durch Strafe, sondern durch Milde« muss das Gute überwinden, »nicht durch Widerstreben dem Bösen, sondern durch Vermischung mit dem Bösen, um das Böse als solches zu erlösen.« Und auf die Frage »Was ist das Böse?« folgt die Antwort: »Es ist nichts anderes als ein unzeitgemäßes Gutes. […] So sehen wir, daß das Böse nichts anderes ist als das Gute am unrechten Ort.«[49]

Das Thema der Milde als Schlüsselwort für einen zukünftigen Manichäismus tritt hier zum ersten Mal hervor. Von nun an geht es darum, das Geisteslicht in sich selbst zu finden:

Alles, was von ihm [Mani] herrührt, war ein Berufen auf das eigene Geisteslicht der Seele und das war zugleich ein entschiedenes Aufbäumen gegen alles, was nicht aus der Seele, aus der eigenen Beobachtung der Seele kommen wollte.[50]

In dem sogenannten »Vermächtnis« von Bernard Lievegoed mit dem Titel *Über die Rettung der Seele* wird der Auftrag des manichäischen Stroms als die Entwicklung der Milde und der Liebe beschrieben:

Die Ausbildung von Güte gegenüber dem Bösen – darum geht es auf dem Weg des Manichäismus. Liebe und Güte (Milde) sind die Kräfte, die die menschliche Seele retten.[51]

Was bedeutet es nun aber, in das Mysterium des Bösen eingeweiht zu sein? Es bedeutet, dass die Möglichkeit, sich abzusondern, zu einem Teil der innersten Natur des Menschen geworden ist. Sich abzusondern beinhaltet nicht nur, die Ruhe und Einsamkeit der Natur aufzusuchen oder sich in sein Zimmer zurückzuziehen. Obwohl schon vieles anders wird, dadurch dass man über die Möglichkeit verfügt, mit sich selbst allein sein zu können.

Das empfindet man nicht als Strafe, man sehnt sich sogar oft danach: Während einer Tagung beispielsweise kam ich früh am Morgen in den Frühstücksraum. Nur ein einziger Teilnehmer war ebenfalls schon da, alle anderen Tische waren noch frei. Ich suchte mir einen Platz ganz auf der anderen Seite des Saales. Wir schauten einander an und verstanden uns: Bitte noch einen Moment allein sein dürfen!

Sich absondern zu können, stellt die Möglichkeit dar, sich bewusstseinsmäßig der eigenen Umgebung zu verschließen, sich aus dem vorhandenen Zusammenhang zu lösen. Wenn es räumlich nicht machbar ist, bringt man es innerlich trotzdem zustande. Es gibt heute unzählige Möglichkeiten, sich innerlich und äußerlich abzugrenzen, wozu auch die digitalen Medien und Kopfhörer allerhand beigetragen haben.

Eine Erscheinung, die den Beginn der Neuzeit besonders kennzeichnet, nämlich die Entdeckung der Perspektive, gründet auf dieser neuen Fähigkeit zur Absonderung. Man erlebt sich selbst nicht länger als Teil eines umfassenden Zusammenhangs, man löst sich aus ihm heraus, man nimmt einen eigenen Standpunkt ein und von diesem aus konstruiert man die Welt. In dieser Konstruktion kann man herumspazieren wie in einem ummauerten Garten. Man pflanzt und pflegt, man ordnet, man entfernt, was nicht mehr passend ist, Neues kommt herein, man entdeckt einen oder mehrere Lieblingsorte, an denen man sich gerne aufhält und so weiter. Aus dieser Perspektive beurteilt man die Mitmenschen mitsamt ihrem Garten. Und in ganz ähnlicher Weise wird auch jeder von uns beurteilt.

Die Fähigkeit zur Absonderung gehört zur Entwicklung und ist keine »Abweichung«. Sie stellt ein kostbares Gut im Leben eines jeden Menschen dar und kann nicht hoch genug geschätzt werden. Aus dieser Absonderung entsteht die Möglichkeit einer Verbindung, zu der man sich aus freiem Willen entscheidet; denn sie öffnet ein Tor zum Ich und damit zu einem Entwicklungsprinzip, das zur Freiheit führt. Aber zugleich öffnet sie auch dem Bösen die Tür.

Der Zusammenhang zwischen dem Bösen und der Möglichkeit zur Freiheit wird hier in einer noch tieferen Schicht sichtbar. Indem das Ich die ersten Schritte in die Freiheit geht, kann dies zu einem positiven oder einem negativen Ablauf führen, im letzteren Fall zu einer übermäßigen Betonung des Ego. Die Möglichkeit der Absonderung lässt beides zu. Das eine kann im Grunde nicht ohne das andere entstehen; das souveräne »Ja« kann nicht ohne das egoistische »Nein« gesprochen werden und umgekehrt. Denn eine echte Bejahung kann nur deshalb erfolgen, weil auch eine Verneinung mit derselben Intensität möglich ist.

Wenn man die Möglichkeit, sich abzusondern, in sich selbst entdeckt, stellt dies den ersten Schritt auf dem Weg zur Erkenntnis des Bösen dar. Das Wesen des Bösen beinhaltet Absonderung. Es ist nicht nötig, das Böse anhand verschiedener Phänomene zu studieren, die doch nur dessen Auswirkungen darstellen. So interessant solche Beobachtungen auch sein mögen, man lernt dabei das Böse selbst nicht kennen, sondern lediglich seine Resultate. Es gibt ein viel unmittelbareres Wahrnehmungsfeld. Es ist das Spektrum zwischen Absonderung und Zugehörigkeit beziehungsweise Zusammenhang, und es befindet sich in mir selbst. Dies ist der Schauplatz einer modernen Einweihung, wie Rudolf Steiner erläutert:

Im Weltenall walten diese Kräfte des Bösen. Der Mensch muß sie aufnehmen. Indem er sie aufnimmt, pflanzt er in sich den Keim, das spirituelle Leben überhaupt mit der Bewußtseinsseele zu erleben.[52]

Das Böse: Wesen und Offenbarung

Jedes Wesen, wenn es sich zu erkennen gibt, tut dies durch eine Wesensgebärde. Ein Menschenwesen enthüllt sich als Mensch, wobei sich jeder auf seine individuelle Art und Weise erkennbar macht. Denn genau das ist Teil der Wesensgebärde eines Menschen. Ganz ähnlich bringt das Böse seine Wesensnatur in einer Gebärde zum Ausdruck. Wie geschieht das? Geht es um eine einzige Wesensgebärde? Und lässt sich diese Wesensgebärde kennenlernen? Denn die Wirksamkeit des Bösen – das Böse, insoweit es wirkt und bewirkt – kommt aus dieser Wesensgebärde hervor.

Wir kommen ihr einerseits auf die Spur, indem wir die Wirksamkeit des Bösen erfahren, so wie es uns entgegentritt. Andererseits dadurch, dass wir die Wirksamkeit des Bösen auch in uns selbst wahrnehmen können. Das ist gerade das Neue, was in unserer Zeit möglich geworden ist: Wir tragen die Anlage zu jeder Form des Bösen in uns selbst. Dadurch können wir das Böse als Wirkungsmacht auf zweifache Art und Weise kennenlernen: so, wie es in seiner Wirksamkeit an uns herankommt und wie es als Wirksamkeit von uns ausgeht.

Wie wirkt sich eine Lüge über mich aus? Ich empöre mich, ich werde wütend oder ängstlich oder beides, ich fühle mich angegriffen. Zudem fühle ich mich machtlos, diese Lüge rückgängig zu machen. Obwohl sie unwahr ist, klebt sie an mir wie ein Fleck, den ich nicht mehr loswerden kann. Sie sondert mich ab, sie grenzt mich aus: aus meiner Beziehung zur Wahrheit, zu meinen Nächsten, zu mir selbst. Eine Lüge zerstört und durchbricht einen lebendigen Zusammenhang. Letztendlich ist mein

Leben zerstört und ich erfahre mich als von meinen Möglichkeiten, meinem Vermögen als Potenz, abgeschnitten.

Wie ist es, wenn ich der Urheber einer Lüge bin? Ganz ähnlich! Ich habe mich ebenfalls aus einem Zusammenhang herausgelöst, von ihm abgesondert. Am deutlichtesten wird das spürbar, wo es um den Zusammenhang eines jeden Menschen mit seiner Potenz geht. Ich habe den Zusammenhang zu meiner Potenz verloren. Sie ist zwar noch da, aber ich bin von ihr abgeschnitten. Genauso wie derjenige, der von meiner Lüge betroffen ist und dadurch von seiner Potenz abgeschnitten wurde.

Hier werden bereits die Konturen der Wirksamkeit und der Wesensgebärde des Bösen sichtbar: Das Böse will einen Zusammenhang zerstören. Damit ist hier ein lebendiger, nicht ein formaler Zusammenhang gemeint. Lebendig bedeutet zum Beispiel: ein Zusammenhang, der wesensgemäß ist oder geeignet, dem Wesen eines jeden Elements, das an dem Zusammenhang teilhat, gerecht zu werden. Die lebendigen Zusammenhänge in der Natur sind da Bild und Vorbild: Was heutzutage die »Klimakrise« genannt wird, ist ein einziges erschütterndes Beispiel dafür, wie lebendige Zusammenhänge dadurch zerstört werden können, dass tote Strukturen in das Lebendige eingreifen.

Das Böse zergliedert und zerteilt, was zusammengehört, so dass die Zersplitterung sich immer weiter vervielfältigen kann. Absondern, ausschließen, abgrenzen gehören zur Wesensgebärde des Bösen. Ihre Wirksamkeit lässt sich ablesen an der Vervielfältigung und Steigerung des Auseinandertreibens der Elemente, die den lebendigen Zusammenhang ausmachen. Die aktuelle weltweite Polarisierung ist Ausdruck dieser Wirksamkeit und geht auf die Urgebärde des Bösen zurück. Als Wesensgebärde kann sie als eine einzige verstanden werden. Die Art und Weise ihrer Wirksamkeit jedoch ist verschieden, je nach der Stufe und Rangordnung der unterschiedlichen Mächte des Bösen.

Selbstverständlich beschränkt die Differenzierung zwischen Wesensgebärde und Wirksamkeit sich nicht auf das Böse. In dieser Hinsicht unterscheiden die Mächte des Bösen sich nicht von anderen geistigen Wesenheiten und auch nicht vom Menschenwesen. Das Böse besser verstehen zu lernen, fängt notwendigerweise mit den Taten an, aber Taten sind Auswirkungen der Wesensgebärde und der Wirksamkeit des Bösen. Das ist nur der Anfang. Von der Tat ausgehend, kann man den Weg Stufe um Stufe zurücklegen zur Wirksamkeit, von dort zur Wesensgebärde und letztendlich zum Wesen.

Jedes Wesen, auch der Mensch, entwickelt sich dadurch, dass es sich mitteilt. Eine Mitteilung, die keine »Kommunikation« ist, sondern eine Tätigkeit. Und diese Tätigkeit entfaltet sich aus dem Wesen, offenbart sich in einer Wesensgebärde, wird wirksam aus dieser Wesensgebärde heraus und kristallisiert sich in einer Tat aus. Rudolf Steiner bezeichnet diese Stufen als Wesen, Offenbarung, Wirksamkeit und Werk.[53] Auch die Biografie eines jeden Menschen entfaltet sich entlang dieser Stufen, die den Weg der Inkarnation darstellen.

Die Wirksamkeit des Bösen

Obwohl ihre Wesensgebärde die der Zerstörung eines Zusammenhangs ist, bringen die Wesenheiten des Bösen ihre Macht, jede für sich, auf ganz verschiedene Art zur Geltung. Ihre Wirksamkeit lässt sich also durch bestimmte Charakteristika voneinander unterscheiden.

Das Hauptcharakteristikum der luziferischen Wirksamkeit wird immer da wahrnehmbar, wo eine Steigerung des Selbstgefühls einen Menschen dazu bewegt, sich imposanter zu machen, als er in Wirklichkeit ist. Zum Beispiel, wenn er Einsichten, die er anderen verdankt, so darstellt, als wären es seine eigenen. Als ob die Wahrheit ihm, und ihm alleine gehöre. Der Rausch, der dieses Sich-Aufblähen des Ego begleitet, hat eine fesselnde Wirkung auf Menschen seiner Umgebung. Um dieses beglückenden Rausches willen, werden sie zu seinen Anhängern. Das Ich macht sich größer als es ist. Es wirkt als Illusion, abgetrennt von seinem wahren Wesen, und hält sich selbst gefangen.

Die ahrimanische Wirksamkeit ist immer da zu finden, wo das Ich sich kleiner macht, als es ist. Es geht um die Wirksamkeit der Angst im Sinne einer Einschränkung der Möglichkeiten des Ich. Das Ich wird in die Enge getrieben und ist wie gelähmt. Es kann sich nicht mehr daraus befreien, was die Angst noch steigert. Eine zunehmende Verhärtung tritt ein, zusammen mit einem alles überragenden Gefühl der Dumpfheit und der Leere. Dem Herzen wird es kalt. Es erlebt die Welt und die Mitmenschen als eine ständige Bedrohung und schrumpft in sich zusammen.

Die Wirksamkeit der dritten Macht des Bösen, die asurische, ist schwieriger zu charakterisieren. Während wir uns Luzifer und Ahriman noch mit einem »Antlitz« vorstellen können, das sie uns zeigen, ist das bei den Asuras anders. Sie werden nicht mehr durch eine einzelne geistige Wesensmacht repräsentiert, sondern durch eine Menge. In dieser Menge tauchen keine Wesenszüge mehr auf, nur austauschbare Masken. Die Masken können auch nicht abgenommen werden, denn hinter jeder verbirgt sich eine ähnliche Maske, und dies bis ins Unendliche. Sie stellen Anonymität und Reproduzierbarkeit dar, womit sie nicht nur die Möglichkeiten des Individuellen und einer Entwicklung ersetzten möchten, sondern diese auch ganz verneinen.

Während man die Wesensgebärde der luziferischen und ahrimanischen Wesenheiten also noch zu erkennen vermag, da sie sie eine Art »Antlitz« tragen, ist dieses Erkennen in Bezug auf die asurischen Wesenheiten nicht mehr möglich. Es ist aber klar, dass sie uns von unserer weiteren Menschwerdung trennen wollen. Zwar wollen Luzifer und Ahriman uns ebenfalls davon trennen, die Asuras gehen aber noch einen Schritt weiter: Sie zerreißen und zersplittern. Für die notwendige Vorbereitung ihres Wirkens benötigen sie auch die Wirksamkeit der anderen Mächte des Bösen.

Man könnte sich die Menschheit als ein einzelnes Bild, als ein allumfassendes »Menschenantlitz« vorstellen. Ein Antlitz, in dem Vergangenheit, Gegenwart und Zukunft der Menschheit eingeflossen sind. Die asurischen Mächte zersplittern dieses Bild nicht dadurch, dass sie es auseinandersprengen, sondern indem sie es bis ins Unendliche kopieren. Das Buch der Gesichter, »Facebook«, ist ein wunderbares Beispiel der Zusammenarbeit aller drei Wesenheiten. Die Selbstinszenierung Luzifers, die technologische Vernunft Ahrimans und die asurischen Mächte, die das Angesicht eines Menschen zur Maske reduzieren. Wobei Luzifer die Illusion überwacht, es ginge um ein wahres Antlitz, während Ahriman die Technik vervielfältigt, um vorzugaukeln, es handle sich um immer wieder »neue« Möglichkeiten.

Ihre Zusammenarbeit hängt unmittelbar damit zusammen, dass sie sich zutiefst für die Wunde eines jeden Menschen »interessieren«. Nicht die sekundäre Wunde ist hier gemeint – diese Wunden sind die Verletzungen, die im Leben zwischen Menschen immer wieder entstehen –, sondern die primordiale Wunde. Die Verletzungen, die danach kommen und in denen die originäre Wunde mitklingt, sind individuell verschieden – dadurch ist auch jede Biografie einzigartig. Die Wesensmächte des Bösen nutzen diese Verletzungen so, dass sie dank dieser zur primordialen Wunde gelangen. Es geht ihnen darum, genau dort eingreifen zu können. Wozu? Weil an dieser Stelle die Entwicklung aufgehalten werden kann. Und diese zu verhindern, ist das gemeinsame Ziel der Wesensmächte des Bösen.

Jede Entwicklung im Rahmen der Menschwerdung findet in der Begegnung und dem Zusammenwirken zwischen Leben und Form als schöpferischen Prinzipien statt. Die primordiale Wunde ist dort, wo die beiden Prinzipien miteinander interferieren. Das seinem Wesen nach unbegrenzte Prinzip des Lebens, die Potenz, muss sich begrenzen lassen, wenn es schaffend werden will. Sonst verströmt es nach allen Seiten hin, wie Rudolf Steiner beschreibt.[54] Wichtig ist nicht nur, dass Steiner dieses Zusammenwirken als eine objektive Gesetzmäßigkeit darstellt, sondern dass er sie als eine Gesetzmäßigkeit *alles* Werdenden beschreibt – als eine von allem, das die Möglichkeit in sich trägt, sich entwickeln zu können:

Wie müssen wir uns das Zusammenwirken des Guten und des Bösen vorstellen? Wir müssen es uns aus dem Zusammenklingen von Leben und Form erklären. Wodurch wird das Leben zur Form? Dadurch, daß es einen Widerstand findet; daß es sich nicht auf einmal – in einer Gestalt – zum Ausdruck bringt. [...] Wenn diese Form ausgestaltet ist, überwindet das Leben die Form, geht in den Keim über, um später als dasselbe Leben in einer neuen Form wiedergeboren zu werden. Und so schreitet das Leben von Form zu Form, Das Leben selbst ist gestaltlos und würde sich nicht in sich selbst wahrnehmbar ausleben können. [...] Daß es in begrenzter Form erscheint, das ist eine Hemmung dieses allgemein flutenden Lebens. Es würde keine Form geben, wenn das Leben nicht gehemmt, wenn es nicht aufgehalten würde in seiner nach allen Seiten hin strömenden Kraft.[55]

Die Wunde und das Böse

Jeder Mensch ist Träger einer primordialen Wunde: die Wunde des Menschwerdens oder der Inkarnation. Diese Wunde ist seinem Wesen inhärent. Weder ist die Wunde eine Auswirkung des Bösen noch hat sie mit einer Neigung zum Bösen zu tun. Kein Mensch wird als ein böser Mensch geboren. Das heißt aber nicht, dass er als ein guter Mensch geboren wird! Denn das würde jede Möglichkeit zur Freiheit verhindern. Sowohl das Gute als auch das Böse gehören zu den Wesensmöglichkeiten eines jeden Menschen. Der ethische Individualismus, so wie er von Rudolf Steiner in der *Philosophie der Freiheit* dargestellt wird, setzt die

Möglichkeit der Freiheit voraus, und zwar so, dass man selbst wählen kann, ob eine Handlung fremdbestimmt oder selbstbestimmt ausgeübt wird. Nicht *was* man tut, sondern *wie* man sich zu einer Tat entscheidet, ist wichtig.

Ein gutes Beispiel sind die Corona-Maßnahmen. Das Schwierige an ihnen waren nicht ihre Inhalte, sondern dass sie auferlegt, also von extern bestimmt worden sind. Das Wort »extern« bedeutet in diesem Kontext dasjenige, was nicht in der Potenz seinen Ursprung findet. Der Anlass zu einer Handlung wird in diesem Fall von außen gegeben. Dadurch wird die Verbindung mit dem, was in einem lebt und sich aus der Potenz heraus erkennbar machen will, zerstört. Fast könnte man sagen, dass man die Potenz – zumindest für einen Augenblick – preisgegeben hat. An sich ist das ein Widerspruch, weil die Potenz »das Unzerstörbare in mir« (Etty Hillesum) ist. Die Potenz bleibt im Prinzip ständig zur Verfügung. Wie ein Geburtsrecht. Und es ist dieses Geburtsrecht, das man preisgibt.

Dieser Verlust der Fühlung mit der Potenz macht einen anfällig für Machtausübung, für *Potestas*. Potenz und Potestas sind Gegenspieler. Man gerät in den Bereich der Macht, in das Gebiet derjenigen, die dem Ruf des »Externen« Gehör schenken (das heißt, dem Ruf all desjenigen, was seinen Ursprung nicht in der Potenz hat) – egal ob man nun selbst Macht ausübt oder die Machtausübung eines anderen Menschen erduldet. Wenn man sich hingegen demjenigen zuwendet, was aufkeimen und Form annehmen will – wodurch die eigene Potenz vermag, selbst in Bewegung zu kommen –, entzieht man sich dem Bereich des Machtgeschehens. Macht übt hier keinen Einfluss auf einen aus, weil die Potenzierung des inneren Vermögens der

Machtausübung entgegentreten kann. Und zwar so, dass man sich in seiner Verletzlichkeit zeigen kann.

Die geflügelten Worte von Antigone in der Konfrontation mit der Macht Kreons sind hier aufschlussreich: »Gewiss nicht, um den Feind zu hassen, nein, den Freund zu lieben, lebe ich!«[56] Durch ihre Aussage lässt Antigone nicht nur ihre Würde auf transparente Weise wirken, sondern führt zugleich ihre Intention in den Prozess der Verwirklichung hinein. Im Laufe dieses Prozesses bewegen sich Intention und Verwirklichung dann immer mehr aufeinander zu, bis sie sich letztendlich berühren. Die Wahl, die Antigone trifft, ist von einer bestürzenden Klarheit und Einfachheit. Kreon, ihr Onkel und Vormund, hat ihr befohlen, seinem Dekret zu gehorchen. Ihr toter Bruder wurde als politischer Landesverräter dazu verurteilt, nicht bestattet zu werden. Wenn sie Kreon nicht gehorcht und es dennoch tut, wird sie sterben.

Dass der Moment der Wahl auch eine Krise birgt, die sich um sie herum ausbreiten wird, ist ein zentraler Aspekt der Situation. Krise bedeutet auch: der entscheidende Moment. In ihr, in der Verwurzelung im Menschsein, liegt die Radikalität von Antigones Wahl; so kann eine reinigende Wirkung von ihr ausgehen, die die primordiale Wunde offenlegt. Es ist die Wahl für das Wesentliche im Menschen, das Ich, und für dasjenige, was es fordert, um sich zu verwirklichen. Antigone hat sich in den Dienst dieser Aufgabe gestellt, eine Dienstbarkeit, welche die Signatur einer keimenden, inneren Freiheit trägt.

Das Böse greift da ein, wo man im Sinne der primordialen Wunde verletzlich werden kann. Doch wenn sich ein Mensch aus Freiheit in seiner ontologischen Verwundbarkeit darstellt, verliert das Böse seine Macht. Die luziferische Versuchung findet da statt, wo man seine Verwundbarkeit vertuscht, sich über sie stellt, überheblich wird im Sinne einer scheinbaren »Über-Menschlichkeit«. Die ahrimanische Versuchung hingegen liegt da, wo man sich aus Angst seiner Verletzlichkeit ausliefert und dadurch darauf verzichtet, in Freiheit für die Wunde eintreten zu können. In beiden Fällen wird eine weitere Entwicklung gehemmt, sogar vorweggenommen. Denn man hat sich selbst von der Wirkungsmöglichkeit seiner Potenz, deren Träger das Ich ist, abgegrenzt. Im Falle der luziferischen Überheblichkeit wird das Prinzip des Lebens nach allen Seiten ausströmen und letztendlich implodieren. Im Falle der ahrimanischen Verängstigung bekommt das Prinzip der Form freie Hand. Eine sich stetig steigernde Verhärtung wird nicht mehr aufgehalten werden können.

Anstelle von Leben und Form arbeiten nun Lüge und Verhärtung Hand in Hand. Und sie fördern die Polarisierung so, dass beide Vertreter der Mächte des Bösen in einem Wechselspiel Profit daraus ziehen. Während das Zusammenwirken der Prinzipien der Form und des Lebens im Dienste der Entwicklung stehen, bedeutet die heutige Zusammenarbeit von Luzifer und Ahriman die Verneinung jeder Möglichkeit von Entwicklung. Zudem macht die Polarisierung, die daraus entsteht, es quasi unmöglich, zwischen den beiden Mächten zu unterscheiden. Die Folge ist äußeres Chaos und innere Verwirrung. Wie verhalten sich Freiheit und Begrenzung zueinander? Was heißt Verantwortung für mich, was für meine Mitmenschen? Zwischen Fakten und Wirklichkeit, zwischen Freiheit und Unfreiheit zu unterscheiden, wird immer schwieriger. In diesem Klima können die asurischen Mächte ihre Wirksamkeit entfalten.

Das Gute wie auch das Böse

Warum mit dem Thema des Bösen und der Wirksamkeit des Bösen anfangen? Warum nicht mit dem Guten und seiner Wirksamkeit beginnen? Wäre es dann nicht besser möglich, auch das Böse einzuordnen? Selbstverständlich könnte man das auch einmal so machen: mit dem Guten anfangen. Denn gemäß Rudolf Steiner sind Gut und Böse zwar ihrer Wesensnatur nach einander entgegengesetzt, aber sie verhalten sich als zwei ebenbürtige Prinzipien. Wären sie nicht ebenbürtig, wäre das Gute dem Bösen – immer als Prinzipien gedacht – zum Beispiel übergeordnet, dann wäre es nicht möglich, dass sich das Gute steigert. Und umgekehrt könnte auch das Böse sich nicht steigern. Gut und Böse bedingen einander. Aus dieser Perspektive kann man sich ihrer Zusammenarbeit also annähern.

Gut und Böse zeigen sich in ihrer Wirksamkeit in der Welt. Sie erscheinen als das, was *getan* worden ist. Als Tatsachen. Das Gute wie auch das Böse lernen wir kennen, indem wir es erfahren. Oder anders gesagt: Ihre Wirksamkeit schreibt sich uns ein als eine Erfahrung. Aber schon in dieser Erfahrung kann man Unterschiedliches feststellen. Wie schlimm ist zum Beispiel das Erwachen, wenn einem Böses widerfährt. Die Unschuld als ein noch naives, selbstverständliches Vertrauen, dass die Welt gut sei, ist geschädigt. In meiner Muttersprache heißt es, dass sich etwas in die Seele »eingekratzt« hat – ähnlich einem Kratzer auf einer glänzenden Oberfläche. Er lässt sich nicht mehr rückgängig machen. »Warum ist mir das zugestoßen?«, ist eine sehr oft gestellte Frage. Oder man findet: »Das hätte nicht stattfinden dürfen!«

Ist das Gute auf gleiche Art und Weise eine Tatsache wie das Böse? Oder erfährt man das Gute eher im Sinne eines »So gehört sich das«? Wobei das Gute dann die Rolle erfüllen würde, die Wirkungen des Bösen zu mildern und den alten Zustand so gut wie möglich wiederherzustellen? Das Gute wäre dann der normale Lauf der Dinge, mit dem man rechnen kann und der rechtens ist. Wenn dieser normale Lauf der Dinge durch die Wirkungen des Bösen gestört wird, dann, so könnte man annehmen, ist es die Angelegenheit des Guten, es nach erlittenem Unrecht und Schmerz »wiedergutzumachen«.

Noch haben wir allerdings keine Idee davon, wie Gut und Böse in ihrem Sein, in ihrer *Wesensart* sind. Diesem »Jemand« von Gut und Böse sind wir noch nicht begegnet. Das Böse oder das Gute als Tatsache, also als dasjenige, was sich abgespielt hat, ist noch nicht Gut oder Böse als Wesen. Es gibt noch etwas vor diesem Erscheinen als Resultat in der Welt. Was davorliegt, ist das Böse als solches, das Böse, das wir das Wesen des Bösen nennen können. Das Böse als »Jemand«. Das Böse, das da ist, ist immer da. Auch das Gute, das da ist, ist immer da. Wobei die Auswirkungen nicht auf das Wesen des Guten und das Wesen des Bösen verweisen, sondern auf ihre Wesensart.

Man kann diese Wesensart des Guten und des Bösen kennenlernen anhand ihrer Art, sich zu offenbaren. Was in der Welt vorgeht und was wir Gut oder Böse nennen, ist bereits ihre Auswirkung. Ihre Wesensgebärde lernen wir in erster Instanz in uns selbst wahrzunehmen. Das ist dasjenige, was Rudolf Steiner in seiner Darstellung der Einweihung in das Mysterium des Bösen in der heutigen Zeit »Neigung zum Bösen« nennt. Das Mysterium des Bösen findet nicht da draußen in der Welt statt, wo so viel »Böses« geschieht. Das Mysterium findet in jedem von uns statt, insofern man dem Zeitalter der Bewusstseinsseele angehört, das heißt, insofern man teilnimmt an seiner Zeit:

> *Es gibt kein Verbrechen in der Welt, zu dem nicht jeder Mensch in seinem Unterbewusstsein, insofern er ein Angehöriger der fünften nachatlantischen Periode ist, die Neigung hat; ob in dem einen oder dem anderen Fall die Neigung zum Bösen äußerlich zu einer bösen Handlung führt, das hängt von ganz anderen Verhältnissen ab als von dieser Neigung.*[57]

Wo Hannah Arendt noch auf die Auswirkung der Taten eines Adolf Eichmann geblickt hatte und zur Schlussfolgerung kam, dass jeder von uns Ähnliches hätte tun können – »die Banalität des Bösen« –, da geht Rudolf Steiner undenkbar viel weiter, wenn er behauptet, dass jeder Mensch die Neigung zum Bösen in sich trage, unabhängig davon, ob daraus eine Tathandlung folgt oder nicht. Klar wird, dass sich daraus heute die Möglichkeit ergibt, das Böse auf eine zuvor noch unzugängliche Art und Weise kennenzulernen. Es wird jetzt zum einen möglich, der Wesensgebärde des Bösen in sich selbst zu begegnen. Zum anderen ist diese meist intime Erkenntnis die Voraussetzung dafür, auch das Gute kennenzulernen. Oder das Gute in seiner Wesensgebärde wenigstens schon tastend erahnen zu können.

Bestimmt, das Gute ist wirksam, aber es hat sich in seiner Wesensnatur nicht auf dieselbe Weise in uns offenbart wie das Böse. Diese Gegebenheit hat unmittelbar mit der primordialen Wunde und mit der Möglichkeit zur Freiheit zu tun. Im Anerkennen der Wesensgebärde des Bösen in mir eröffnet sich für einen Moment die Chance, das Gute als innere Gebärde zu ergreifen. Denn im Angesicht der Neigung zum Bösen in mir leuchtet das Gute in mir erst auf. Es ist eine Umkehrung des Blicks. Solange ich nach außen schaue, wo mir die Auswirkung des Bösen »zustößt« und mich verletzt, erwarte ich, dass das Gute den Ausgleich ebenfalls von außen schafft. Ein Kollege hat Unwahres über mich erzählt. Also erwarte ich, dass es wieder rückgängig gemacht werden kann. Damit der Schmerz sich endlich lindern lässt.

Aber genau dieser Schmerz gibt mir eine Chance, den Ort in mir zu finden, wo die primordiale Wunde wurzelt. Die Bedingung ist allerdings: Ich darf nicht wegschauen. Denn erst dann kann ich in mir die bange Frage hegen: Hätte ich das auch tun können? Unwahres über einen Mitmenschen herumsprechen? Ich frage wie gesagt nicht, ob ich das schon getan habe! Meine Frage betrifft die reine Möglichkeit. Und weil ich hier in mir an einem Ort bin, wo es um die Neigung geht, sich das Böse also als *reine Möglichkeit* darstellt, kann es nur eine einzige Antwort geben. Die Erschütterung, die ich bei der Erkenntnis spüre, ich hätte Ähnliches tun können, lässt mich aufwachen. Es ist jedoch ein ganz anderes Aufwachen als das aus dem Schmerz des Verletztworden-Seins heraus. Ich wache auf im Ich. Die Frage ist jetzt: Kann ich wach bleiben?

Wach werden und wach bleiben

In *Nostalghia,* einem der letzten Filme von Andrej Tarkowskij (1932–1986), gibt es eine Szene, in der sich ein Mann in einem fast völlig dunklen Raum befindet und einen Ausweg sucht. Es herrscht eine geladene, drückende Stille. Der Mann ist an eine Wand gelehnt. Nach verschiedenen erfolglosen Versuchen findet er in seiner Hosentasche eine winzige Kerze und zündet sie an. Die kleine Flamme lässt sofort sichtbar werden, wo er ist: in einer alten Ruine, einer Art Katakombe. Ihm gegenüber bemerkt er eine Öffnung, die wie ein Durchgang aussieht. Die Kamera ändert während der ganzen Sequenz nie den Standort. Es scheint, als handle es sich um ein Theaterstück, das sich vor unserem Blick abspielt.

Der Mann will hinaus und macht einige Schritte, doch die Flamme erlischt. Er tastet sich zur Wand zurück und entzündet die Kerze noch einmal. Diesmal schützt er die Flamme mit seiner Hand, doch sie erlischt erneut. Immer wieder gerät er ins Dunkel, immer wieder kehrt er zurück zur Wand und muss von vorne anfangen, bis er endlich, ohne dass die Flamme erlischt, zum Durchgang gelangt. Aber ehe er im Korridor verschwindet, lässt er die brennende Kerze zurück. Für den nächsten, der nach ihm kommen wird. Für einen Zeitgenossen.

Das ursprünglich aus dem Griechischen stammende Wort *nostalgia,* das in viele Sprachen übernommen wurde, bedeutet Schmerz *(algia)* der (nie gelungenen) Rückkehr *(nostos).* Eine Rückkehr, die mit der Vertreibung aus dem Paradies begonnen hat, ein Weg ohne Ende. Erst als Eva und Adam sich draußen nackt sehen, begreifen sie, wo sie sind: »[...] die Tragödie

Aus: Andrej Tarkowskij, *Nostalghia,* 1983

jener, die aus dem Zustand seliger Unwissenheit in die feindlichen und unerklärlichen Gefilde des Irdischen geschleudert wurden.«[58]

Die »Wundzeit« fängt an. Berührt zu werden von der Zeit, in der wir leben, bricht uns auf für das Erfahren von Ohnmacht. Eine Erfahrung wie ein Merkmal, an dem sich Zeitgenossen gegenseitig erkennen. Das Außergewöhnliche liegt nicht im Erleben der Ohnmacht. Sondern in der Tiefe der Stille, die darauf folgt. Diese Stille ist wie die Flamme einer Kerze, sie lässt uns sehen, wo wir sind. Wir sind bei unserer Ohnmacht angekommen. An dieser ganz eigenen Erfahrung der Ohnmacht werden wir wach.

Aber das Wachbleiben bedarf der Stille, damit wir jetzt auch die Wunde unserer Zeit hören können.

Es ist keine Stille, die erst entsteht, wenn man zur Ruhe gekommen ist. In der Sequenz aus dem Film *Nostalghia,* die auch als eine Imagination betrachtet werden kann, spürt man die Ungeduld, den Drang des Mannes, aus der Sackgasse herauszukommen, sich zu retten. Er ist verwirrt, verloren. Aber dadurch auch wach, alarmiert. Und es ist genau dieser Zustand, der ihn daran hindert, weiterzukommen. Erst als er die Flamme schützt, anfangs vergebens, ändert sich seine Lage. Er beruhigt sich. Und in dem Moment, wo er endlich weitergehen kann, tritt Stille ein. Er findet nicht nur einen Ausweg, sondern zugleich auch den Einweg, indem er die brennende Kerze, ein Bild seines Erwachtseins, seinen Mitmenschen dauerhaft bereitstellt. Er ist erwacht für die Not des andern, die Not seiner Zeit. Diese begegnet seiner eigenen Not. Es ist aber nicht so, dass beide ineinander aufgehen und eins werden. Die eigene Ohnmacht, an der man aufwacht, und die Ohnmacht seiner Zeit, für die man wach bleibt, stellen zwei verschiedene Arten der Erfahrung dar. Beide haben mit der prinzipiellen Verletzlichkeit und Verwundung zu tun. Wie kann man das einordnen?

Das Ich als Träger seiner Wesenspotenz findet sich im Zentrum, da, wo die verschiedenen Bereiche der Erfahrung sich überkreuzen. Oder umgekehrt: Da, wo die Erfahrungsarten einander begegnen, findet sich das Ich. Die Ohnmacht, so wie sie ins Leben hereinbricht, hat als erste Folge, dass das Ich von seiner Potenz, seinem lebendigen Wesenskern, abgeschnitten wird. Genau an diesem Punkt wird man verletzlich. In der aktuellen, von der Ohnmacht herbeigeführten Verwundung klingt auch die primordiale Wunde mit. Der Schmerz weckt auf und brennt. Um ihn zu lindern, wird verzweifelt nach einer Lösung gesucht. Wie kommt man hier wieder heraus?

Die weltweit bekannten fünf Schritte der Elisabeth Kübler-Ross führen dahin, wo man vom passiven Gewecktworden-Sein zum aktiven Wachbleiben fähig wird. Das heißt, dass die Verbindung zur Potenz von und im Ich wiederhergestellt wird. In diesem Moment entsteht die Möglichkeit, aus dem Zentrum heraus, wo das Ich in sich selbst auferstanden ist, die Peripherie um sich herum zu entfalten. Eine Peripherie wie ein offener Resonanzraum, in dem das Ich im Zentrum nicht nur die eigene Ohnmacht trägt, sondern auch die Ohnmacht als Not der Zeit in sich aufnehmen kann.

Aus der zunächst passiven, von außen herbeigeführten Verletzlichkeit, die mich in mir selbst gefangen hielt, webt sich, indem ich mich meinen Mitmenschen öffne, allmählich ein Umkreis. Im Tragen meiner Ohnmacht trage ich auch meine Wunde. Gerade aus diesem Tragen kann eine Kraft zum Mittragen werden: *Ohne deine Wunde – Wo bliebe deine Kraft?*, lautet dementsprechend der Titel eines Arbeitsbuches der Elias-Initiativgemeinschaft.[59]

Die Erfahrung der Ohnmacht ist jedoch eine derart radikale, dass sie erdrückt und zum Erlahmen bringt, was einem an innerer Regung noch bleibt. Schließlich gelangt man an einen Punkt, wo – zwischen der Ohnmacht, die man über sich ergehen lässt, und der Ohnmacht als Möglichkeit, sich auf den Weg zu begeben – ein Moment auftaucht, an dem sich Fluchtwege öffnen. Obwohl es zunächst so aussehen könnte, geht es hier nicht um die Flucht vor einer unhaltbaren Situation, sondern um die Flucht vor der Möglichkeit, in der Ohnmacht wach zu bleiben.

Auswege und ein Einweg

Die Auswege, so wie sie hier dargestellt werden, kann man also auch als Flucht bezeichnen. Damit ist kein moralisches Urteil und schon gar keine Verurteilung gemeint. Es geht nur darum, zu unterscheiden: zwischen dem Sich-Zurückziehen, wenn Schmerz und Ohnmacht hereinbrechen, und dem Zurückweichen angesichts der Herausforderung, aus eigenem Antrieb wach zu bleiben, und wäre es auch nur für einige Momente.

Es ist ungeheuer schwer, aus eigener Initiative wach zu bleiben. Kaum hat man sich ein schmerzliches Ereignis mit der Absicht vor Augen geführt, es ohne jeglichen Kommentar in sich zuzulassen, schon wendet man sich wieder ab. Dem jüdisch-polnischer Kinderarzt, Literat und Pädagoge Janusz Korczak (1878–1942) war es klar, dass die traumatisierten Kinder, mit denen er im Ghetto Warschaus eingesperrt war, nur von Angesicht zu Angesicht, also auf Augenhöhe, angesehen werden mussten. Um dies zu ermöglichen, erschien es ihm zum Beispiel ganz natürlich, vor einem Kind zu knien. Wenn sie noch klein genug waren, nahm er sie deswegen auch gerne auf den Arm.

Besonders in den letzten Wochen vor ihrer Abfahrt ins Vernichtungslager Treblinka im August 1942 hatten Korczak und seine Mitarbeiter kaum noch die Kraft, die Kinder anzuschauen. Alle waren schrecklich abgemagert und Korczak war sich nicht sicher, ob er den Kindern das mit seinem Blick zurückspiegeln würde. Es muss ihm gewesen sein, als ob er unmittelbar, ganz ohne Distanz, direkt in die Wunde schaute – in die Wunde, am Kind vorbei. Aber er blickte ihnen fest in die Augen. Und die Kinder erwiesen sich größer als ihre und auch als seine Verwundung, sie konnten seinen Blick beantworten. Denn die Wunde will von Angesicht zu Angesicht und nicht von der Seite angeschaut werden.

In seinen Aufzeichnungen ist nachzulesen, wie Korczak in ihrem Weinen den Schmerz und die Sehnsucht des Jahrhunderts hörte: »[...] ein kleines Weinen in der dunklen Nacht«.[60] Und er stellt in seinen erst nach dem Krieg veröffentlichten Schriften dar, wie er jeden Augenblick mit sich selbst gerungen hat, die Kinder in ihrer Größe auf Augenhöhe anzuschauen. In den allerletzten Tagen wurde ihm, der als Arzt international anerkannt war, durch Vermittlung einflussreicher Bekannter ein Ausweg angeboten. Er hätte fliehen können. Aber er ist auf Augenhöhe der Kinder geblieben und mit Ihnen den Einweg gegangen.

An dem Tag, als er mit den Kindern und seinen engsten Mitarbeitern – die ebenfalls freiwillig mitgingen – nach Treblinka abtransportiert wurde, schrieb Korczak morgens früh in sein Tagebuch:

> *Ich wässere die Blumen. [...] Er hat ein Gewehr. Warum schaut er so ruhig um sich herum? Er hat noch keinen Befehl bekommen. Wer weiß? Vielleicht war er im bürgerlichen Leben Dorfschullehrer, vielleicht Notar, Straßenkehrer in Leipzig oder Kellner in Köln? Was würde er tun, wenn ich ihm zunickte? Freundlich winken? Vielleicht weiß er gar nicht, daß es so ist wie es ist? Vielleicht ist er erst gestern von weither gekommen ...*[61]

Wir werden das Kinderlied singen, das
hörst du, das
mit den Men, mit den Schen, mit den Menschen, ja das
mit dem Gestrüpp und mit
dem Augenpaar, das dort bereitlag als
Träne-und-
Träne.

Paul Celan[62]

Korczak hatte sein Tagebuch 1940 angefangen, kurz nach der Ankunft im Warschauer Ghetto. Diese letzte Aufzeichnung stammt vom 4. August 1942, dem Morgen des Abtransports. Sie beschreibt, was er beim Blick aus dem Fenster sieht: einen jungen Soldaten, der sie bis zum Zug begleiten wird. Alles ist schon bereit, auch die Flagge, mit der von den Kindern aufgenähten gelben Sonne, die sie auf ihrem letzten Spaziergang tragen werden. Kein Klagen, kein Urteil. Die offene Wunde spricht.

Die Auswege, die sich anbieten, um das Wachbleiben in der Ohnmacht zu vermeiden, lassen sich in vier Gruppen aufteilen, die in besonderer Weise miteinander verbunden sind.

Flucht nach innen

Bei der Flucht nach innen wird von Anfang an die Möglichkeit zu weiteren Schritten ausgeschlossen. Es bleibt bei dem einen Schritt: sich in sich selbst zurückzuziehen. Eine Art innerer Zufluchtsort wird aufgebaut, eine Parallelwelt in sich selbst und für sich selbst, die man vor allen möglichen Störfaktoren schützt und in der man sich von ihnen abschirmt. Ein Ort, an dem man sich sicher fühlt und wo nichts die von einem selbst geschaffene Ruhe und Harmonie stört. Eine ganze Industrie mit den verschiedensten Wellness-Angeboten bedient den Wunsch, sich in seiner Innenwelt einzuigeln, die man auch als ein hermetisch abgeschirmtes Stückchen Paradies betrachten kann. Ich denke hier etwa an ein Bild, das beim zweiten Corona-Lockdown die Runde machte: Von Kissen gestützt, liegt ein Paar auf seinem Sofa und schaut auf den Bildschirm gegenüber, wo eine exotische Meeresküste gezeigt wird; dazu trinkt es ein Glas Champagner. »Prosit auf unsere Ferien«, lautet die Bildunterschrift. Tatsächlich hatten sie sich eine »Auszeit« von der Welt genommen.

Flucht nach außen

Bei der Flucht nach außen scheint die einzige Möglichkeit darin zu bestehen, in irgendeiner Weise einzugreifen. Es gibt nur einen Ausweg: Man muss seiner Empörung gegen die Übermacht einer bestimmten Situation laut- und tatkräftig Ausdruck verleihen. Nicht selten steigert sich diese Empörung zu überzogenen Reaktionen, zu blinder Wut, die manchmal auch in Gewalt übergehen kann. Denn wenn man auch sonst nichts wirklich ausrichten kann, kann man wenigstens das! So wurden bei einem plötzlich auflodernden Protest gegen damals neu eingeführte Corona-Maßnahmen in einer traditionell ruhigen Gegend in den Niederlanden beispielsweise Schaufenster kaputtgeschlagen und Autos angezündet. Die Nation stand unter Schock! Sogar diejenigen, die gegen die Maßnahmen protestierten, weil sie hinter ihnen einen finstereren Plan vermuteten. Was als Ausweg anfängt, kann entgleisen und zum Albtraum werden. Gewalt in all ihren Formen findet hier ihren (fernen) Ursprung.

Alles ist Profit

Ähnlich wie bei der Flucht nach innen oder nach außen wird auch beim dritten Fluchtweg die Möglichkeit zu weiteren Schritten verneint, nicht aber die Möglichkeit, aus der Situation Profit zu schlagen. Womöglich kommt ein Deal zustande, der einen Vorteil bringt. Mit Blick auf die Gewinnmöglichkeit ist man daher bereit, weitere Schritte ins Auge zu fassen. Scheinbar macht man mit, ist aber dauernd dabei, die Spielregeln zu verändern. Ist etwas nicht länger vorteilhaft, wird es preisgegeben und man hält Ausschau nach neuen Chancen. Es herrscht das Prinzip der Macht und der Machbarkeit. Kontrolle halten zu können, ist dabei von großer Wichtigkeit. Alle Aufmerksamkeit ist darauf gerichtet. Man kann hier auch von einer »Tunnelvision« reden. Sowohl bei der Corona- als auch bei der Klimakrise kann man feststellen, wie Politiker und einflussreiche Verantwortliche immer wieder zwischen Gewinnmaximierung (etwa für ihre politische Partei) und Kontrollsicherung (zum Beispiel bei der Handhabung der Maßnahmen) changieren. Um jeden Preis strebt man danach, seine Machtposition zu erhalten, und alles, was dazu beitragen kann, wird instrumentalisiert.

Es nützt sowieso nichts

Beim vierten Fluchtweg wird jeder Versuch, in einer bestimmten Situation überhaupt weitere Schritte tun zu können, mit Skepsis betrachtet und der Zweifel mithilfe verschiedenster Argumente untermauert. Sehr oft greift man dabei auf einen vereinfachten wissenschaftlichen Diskurs zurück: Was immer man auch tun würde, es bringe nichts; und wenn es doch etwas bewirken würde, mache es für das Ergebnis keinen nennenswerten Unterschied. Es nützt also sowieso nichts. Es ist nur leeres Gerede. Der Glaube an Veränderungen sei eine Illusion. Man müsse sich nur umschauen, um festzustellen, dass es in der Welt schon immer so zugegangen sei. Zerstreuung und Ablenkung sind die einzigen Antworten bei dieser Form der Suche nach einem Ausweg.

Die vier Fluchtwege stehen jeweils für einen bestimmten Reaktionstyp, für eine andere Richtung, in die man flüchten kann. Selbstverständlich gibt es zahlreiche Variationen dieser vier Typen und es ist nicht so, dass immer nur ein einziger Fluchtweg gewählt wird. Im Gegenteil! Sehr oft werden mehrere Auswege ausprobiert. Dabei ist es durchaus möglich, dass der Ausweg nach innen, das heißt in das selbst eingerichtete innere Paradies, in einen sinnlosen Zerstörungsdrang umschlägt oder dass die Haltung, aus allem geschickt Vorteile zu ziehen, gelegentlich zu einem zynisch-heiteren Rückblick Anlass gibt, wobei lediglich der bereits herausgeschlagene Profit davon abhält, das eigene Vorgehen kritisch zu hinterfragen. Welche Richtung man auch einschlägt, immer flieht man dabei vor der eigenen Ohnmacht. Und es ist genau diese Ohnmacht, die es ermöglichen kann, das innere Zentrum, den eigenen Wesenskern wiederzufinden.

Stellen wir uns die Ohnmacht tatsächlich als eine Erfahrung im Zentrum unseres Wesens vor, so führen alle vier Fluchtwege von diesem Zentrum weg, wobei jeweils zwei von ihnen einander gegenüberliegen: Der Weg nach innen und der Weg nach außen befinden sich am jeweils anderen Ende einer ersten Achse. Sie bildet mit der zweiten ein Kreuz. An ihren Enden stehen sich das Streben nach Macht und Gewinn beziehungsweise die Verneinung der Möglichkeit, überhaupt weiterzukommen zu können, gegenüber. Dort, wo beide Achsen aufeinandertreffen, bildet sich ein Zentrum. Notwendigerweise steht man bei allen vier Auswegen mit dem Rücken zu diesem Zentrum. Wie aber wendet man sich um? Wie kommt man zur Einkehr? Wie findet man den Einweg?

Einen Hinweis auf diese Fragen findet man in einem Geschehen am Ostermorgen, so wie es im Evangelium nach Johannes dargestellt wird: Früh am Morgen geht Maria von Magdala zum Garten, wo Jesus ins Grab gelegt wurde, und findet es leer vor. Auch die später hinzugekommenen Apostel Petrus und Johannes sehen nur ein leeres Grab. Als die beiden gegangen sind, bleibt Maria Magdalena alleine zurück und weint. Zwei Engel fragen sie:

[…] »Frau, was weinst du«?
Sagt sie zu ihnen: »Sie haben meinen Herrn weggetragen, und ich weiß nicht, wohin sie ihn gelegt haben.«

Als sie dies spricht,
wird sie gewendet, nach rückwärts,
und schaut Jesus, stehend,
und weiß nicht, dass es Jesus ist.
Spricht Jesus zu ihr: »Frau, was weinst du? Wen suchst du?«
Sie, meinend, dass er der Gärtner sei, sagt zu ihm:
»Herr, hast du ihn weggetragen,
sage mir, wo hast du ihn hingelegt? Ich will ihn holen.«
Spricht Jesus zu ihr:
»Maria«,
wiederum sich umwendend spricht sie:
»Rabbuni«, [das heißt »mein Meister«].
Spricht Jesus zu ihr: »Rühre mich nicht an!«[63]

Diese Szene, die mit einer gewissen Vorliebe seit dem 15. Jahrhundert, also dem Beginn unserer Epoche, dargestellt wurde, zeigt in ihrer Dynamik eine besonders bewegende, inspirative Kraft. Man kann diese Dynamik nachvollziehen. Auf der einen Seite steht die tiefe Verzweiflung der Maria Magdalena, die zugleich eine Ohnmacht ist. Ihr Schmerz ist bodenlos. Sie schaut in das leere Grab hinein, voller Erwartung, ihren Herrn dort zu finden. Doch er ist nicht da! Und das bloße Schauen ins leere Grab bringt ihn nicht wieder zurück. Sie müsste sich umwenden, aber genau das kann sie nicht. Es kommt ihr nicht einmal in den Sinn! In ihrer Hilflosigkeit und Verwirrung sucht sie einen Ausweg, bittet die Engel, ihr zur Hilfe zu kommen.

Auf der anderen Seite findet eine doppelte Umkehr statt. Erst wendet Maria Magdalena sich um, und zwar so, dass sie jetzt mit dem Rücken zum Grab steht. Wandte sie zuvor dem

Martin Schongauer, *Noli me tangere,* um 1480,
Dominikaneraltar (Ausschnitt), Musée Unterlinden, Colmar

Lebendigen im Garten den Rücken zu, kann sie ihren Blick nun lösen, sich befreien aus der Fesselung an das, was nicht länger da ist. Dass es geschieht und wie es geschieht, ist ein Geheimnis. Eine stärkere Kraft hat sie aus ihrer Ohnmacht wieder in Bewegung gebracht. Sie »wurde umgewendet«, wird im Urtext gesagt. Dennoch reicht das noch nicht aus. Noch hat sie ihren Gang durch die Ohnmacht hindurch nicht ganz erledigt. Und sie klagt ihren Verlust dem Mann, den sie für einen Gärtner hält. Erst in diesem Moment kann ihr Name von ihm ausgesprochen werden. Das heißt, sie ist jetzt ganz in ihrem Wesenskern angekommen. Jetzt erkennt sie ihn: »Rabbuni«. Jetzt eröffnet sich ein Zeitraum, in dem das lebendig Werdende sich entfalten wird. Allerdings nicht im Unmittelbaren – deswegen dieses notwendige: »Rühre mich nicht an!« Nicht sofort zugreifen. Es ist zu früh. Es fängt erst an. Es ist ganz Keim. Der Frühling ist im Kommen. Aber von da an kann alles Keimende wachsen und blühen im Garten der Seele, wo der Geist zum Gärtner wird.

Keine drängenden Fragen mehr, keine Antworten, die von überall herbeigeholt werden müssen. Es herrscht lediglich eine Seelenstimmung der Offenheit und des Aushaltens. Die Ohnmacht verdichtet sich zum Schmerz. Diesen Schmerz lässt man zu. Die Stille des Innehaltens während der zweiten Umkehr schafft einen inneren Raum. In ihm kommt das Unhaltbare, das Unerträgliche, das in alle Richtungen blindwütig nach Auswegen suchte und nirgendwo Ruhe fand, schließlich zur Ruhe. Das Unhaltbare hält sich nun selbst. Das Unerträgliche wird zur tragenden Kraft. Das Lauschen auf die Stimme der Zeit beginnt. Die vielen Auswege sind zum Einweg geworden.

Wundzeit

Karfreitag ist angebrochen. Genauer gesagt: Karfreitag ist ausgebrochen, ganz ähnlich wie auch eine Pandemie oder ein Krieg ausbricht. Jeder Tag ist heute Karfreitag. War dies vorher in dem einen oder anderen Teil der Welt der Fall, mal hier, mal dort, gibt es heute keinen Ort mehr, an dem nicht Karfreitag wäre.

Vielen ist das Eingreifende, Verstörende dieses Ausbruchs inzwischen zum Alltag geworden. Aber ein Alltag, an dem immer wieder aufs Neue eine Art Gratwanderung stattfindet: zwischen Angst und Beruhigung, Täuschung und Wahrheit, Hoffnung und Verzweiflung, Rebellion und Verzicht, zwischen Ausgrenzen und Zulassen. Ein Gefühl der Verlassenheit hat sich wie eine Aschewolke in der Seele ausgebreitet. Verlassen von der Obrigkeit, verlassen von Gott und der göttlichen Welt, verlassen von seinen Nächsten und von sich selbst – vom Leben, so wie es einst war.

Ein großer Mangel ist eingetreten: Alles was einen Ausgleich bieten könnte, ist dem Einzelnen und der Gemeinschaft nicht länger unmittelbar greifbar oder ist in verschiedenen Variationen unzugänglich geworden. Es fehlt die Wärme und Nähe einer Begegnung, der Trost einer Umarmung, das Willkommen eines gemeinsamen Moments. Es fehlt ein offener Blickwechsel, bei dem man sich gegenseitig in seiner Würde bestätigt finden kann. Es fehlt die Epiphanie des Lächelns eines Unbekannten. Etwas unendlich Kostbares, was in aller Selbstverständlichkeit immer da war, hat sich zurückgezogen. Letztendlich ist man auf sich selbst zurückgeworfen, man ist mit sich selbst allein, der »nackten Existenz« ausgeliefert. Das Leben wird zwar gelebt, aber es hat seinen Glanz verloren. Es ist auf das Überleben reduziert.

Leben ist verwirklichen. Jeder Mensch ist Träger des Vermögens, sich in seinen Intentionen erkennbar zu machen. Das bedeutet nicht mehr und nicht weniger als auszudrücken, wer man aus seinem tiefsten Wesen heraus werden will. Es geht um die Möglichkeit, sich zu verwirklichen, sich zu *ver-wesent-lichen.* Auf diese Weise kann das eigene Wesen zur Offenbarung kommen: durch eine Art von direkter und ununterbrochener Bewegung der Potenz zu der Form hin, die im Prozess der Verwirklichung entsteht. Dieses Vermögen bezeichnet man als Potenz. Das, was als *Leben* in der Bedeutung von *wirklich leben* statt *überleben* bezeichnet wird, umschließt die ganze Bewegung, angefangen bei der Potenz als Ursprung der Bewegung bis zur letztendlichen Form, in der sich Leben ausdrückt.

Genau an diesem Punkt offenbart sich die Verletzlichkeit eines jeden Menschen. Denn die Potenz, in der seine Würde wurzelt, ist zugleich auch der Urgrund seiner Verletzlichkeit. Wie er aus seinem Vermögen das Menschwerden gestalten kann, hängt damit zusammen, wie er dem Widerstand der Welt begegnet oder der Welt ihm. Allerdings ist im Denken von Simone Weil dieser Zustand der Verletzlichkeit als ein Ausgeliefertsein nicht lediglich etwas, das durch machtpolitische Belange entsteht oder durch Instanzen der Macht auferlegt werden kann, sondern es ist ein intrinsischer Teil der Wesensnatur eines jeden Menschen selbst. Sie charakterisiert es als »ontologisch«, als wesentlich. Seinem Wesen nach ist der Mensch prinzipiell verletzlich. Er repräsentiert mit anderen Worten ein Mysterium: das Mysterium der Wunde. Denn wie andernorts schon dargelegt wurde, ist für Simone Weil das große Rätsel des menschlichen Daseins nicht das Leiden *(souffrance)*, sondern *le malheur*, das Unglück schlechthin.

Karfreitag ist jedes Mal dann, wenn diese zur Wesensnatur gehörende Verletzlichkeit des Menschen – die »Krankheit Adams« – und das damit verbundene Ausgeliefertsein an die Welt als Widerstand und Macht in den Vordergrund tritt. Wobei alles, was davon noch ablenken, einen leiblichen und seelischen Ausgleich schaffen könnte, Stück für Stück entschwunden ist. Der Mensch wird entkleidet bis zum bloßen Menschsein. Der Glanz und die Farbigkeit des Lebens haben sich ihm entzogen – wie bei einer Sonnenfinsternis, bei der das Licht fahl wird und der eben noch helle Tag immer schneller in die Dämmerung übergeht. Immer kürzer werden dabei die Zeitspannen, während derer eine Farbe nach der anderen verblasst und entschwindet, bis das Licht schließlich völlig erlischt. Was noch bleibt an diesem tiefsten Punkt der Verwundung, der zugleich Ohnmacht heißt, ist nur der Mensch als solcher: das *Ecce homo* der primordialen Wunde.

Jedoch kann die primordiale Wunde uns die menschliche Würde nicht wegnehmen. In dem Prozess, der zu diesem tiefsten Punkt, dem Punkt der Ohnmacht, führt, liegt eine einzige Chance. Es ist kein Ausweg. Es ist der Einweg. Es kommt darauf an, diesen Einweg zu erkennen. Nicht zur Überwindung der Ohnmacht, sondern zu einer Öffnung, die wie jede wahrhaftige Öffnung keine Garantie bietet, dass sie auch erfolgreich sein wird. Denn Karfreitag steht nicht im Zeichen des Sieges.

Nicht im Zeichen einer Lösung, die so bald wie möglich den Ausgang aufzeigt.

Karfreitag hängt mit der Möglichkeit einer Erlösung zusammen. Eine Erlösung als radikal *offene* Möglichkeit jedoch, die sich nicht im Unmittelbaren vollziehen darf, wo sie auch nicht stattfinden kann. Denn was wäre ein Opfer, wenn man schon im Voraus dessen Erfolg kennen würde? Wo wäre die Freiheit, um die heutzutage so gerungen wird und auf die man sich beruft, ohne dass man tätig werden müsste? Wo wäre die Liebe zur Tat?

Der Einweg kann nicht an der Ohnmacht vorbei, sondern führt durch die Ohnmacht hindurch. »Dann, wenn man genügend kräftig diese Ohnmacht empfindet, dann kommt der Umschlag«, berichtet Rudolf Steiner, und es würde bemerkbar, »[...] daß wir etwas in unserer Seele tragen, das aus dem Tode jederzeit auferstehen kann im eigenen inneren Erleben.«[64]

Eines ist klar: Ohne Karfreitag gäbe es keinen Ostersamstag und keinen Ostersonntag. Sie gehören zueinander wie die drei Flügel eines Triptychons: Leiden – Tod – Auferstehung. Nur dass, wenn Karfreitag angebrochen ist, man von den beiden anderen Flügeln keine Ahnung hat. Und auch nicht haben kann! Der »Umschlag« findet nicht am Karfreitag statt. Dies wäre ein Ausweg und es könnte der tiefste Punkt der Ohnmacht nicht erreicht werden.

Was aber am Karfreitag vollzogen werden kann, sind die weiteren Schritte auf dem langen Weg zum Menschwerden. Ein Menschwerden, bei dem alles Geschaffene, alle Kreaturen miteinbezogen sind. Und bei dem sich die vielen Verletzungen, die wir einander und allen anderen Geschöpfen ständig zufügen, allmählich in der Urwunde der Menschheit vereinigen können. Der Karfreitag steht im Zeichen des Menschwerdens. Die Wunde bleibt offen. Aber die menschliche Natur wird in ihrem Wesen verwandelt. Es ist ein *Mehr* an Menschlichkeit entstanden. Es entsteht *mehr* Mensch. Tatsächlich: Alles ist heute Karfreitag.

»Die Wunde ist hörbar«

Am 30. März 1984 fand in Frankfurt am Main ein Gespräch zwischen dem Künstler Joseph Beuys (1921–1986) und dem Jesuitenpater Friedhelm Mennekes (*1940) statt. Es war in den Wochen vor Ostern, der Ostersonntag wurde am 22. April gefeiert. Thema war unter anderem die Erkrankung und Heilung des sozialen Organismus und die Verbindung zu Christus. Für Joseph Beuys ist Christus ein universelles Potenzial, das jedem Menschen als eine Wärmesubstanz innewohnt und sich in der Wärme der menschlichen Verbindungen entfalten kann.

In diesem Gespräch erzählt Friedhelm Mennekes, dass es in seinem Orden möglich sei, dass er einem kranken Ordensbruder verspreche, für ihn zu beten, während dieser ihm im Gegenzug verspreche, ihm sein Leiden zu opfern. Im Wortlaut heißt es da: »[…] dann kann es sein, daß ich dem Leidenden mein Gebet verspreche und er mir für mein Tun verspricht, sein Leiden für mich aufzuopfern.« Wozu Beuys eine bemerkenswerte Replik bereithält: »Das ist exakt. Denn das Leiden ist natürlich ein bestimmter Ton in der Welt. Er ist hörbar. Man sieht ihn wohl auch. Wer sich einmal anstrengt, solches wahrzunehmen, der sieht im Leiden ständig eine Quelle der Erneuerung.

Es ist eine Quelle von kostbarer Substanz, die das Leiden in die Welt entläßt. Da sieht man: es ist wohl eine sichtbar-unsichtbare sakramentale Substanz.«[65]

Mit seiner ganzen Arbeit als Mensch und Künstler kann man Joseph Beuys als einen Zeugen seiner Zeit, als einen Zeitgenossen im Sinne von Giorgio Agamben verstehen: als einen Menschen, der den Blick nicht nur auf das Lichtvolle seiner Zeit richtet, sondern auch auf das Finstere. Wer Zeitgenosse ist, so Agamben, gehe nicht vom Licht aus und betrachte erst im Nachhinein die Finsternis, sei es als das Merkmal einer Abwesenheit oder als ein Böses. Vielmehr komme es darauf an, dem Licht gerade im Finsteren die Möglichkeit zu schenken, sich sichtbar zu machen, zu erscheinen. Aus diesem Grund solle man als Zeitgenosse sein Antlitz *ganz* dem Finsteren zuwenden und sich *ganz* von ihm durchdringen lassen, damit das Lichtvolle, das in der Finsternis ringt, nicht übersehen wird.[66]

Beuys ist deshalb ein Zeuge, weil er die Wunde der Zeit im Inneren wahrnimmt. Genau darum geht es beim »Hören«, von dem er spricht. Er hört die Stimme seiner Zeit. Der Zeitgenosse ist derjenige, der aus diesem inneren Hören zur Tat kommt. Aber ehe er zur Tat kommen kann, muss er in sich dieses Lauschen als Wahrnehmungsorgan ausbilden. Immer wieder. Immer neu. Die heutige Krise ist ein einziges Übungsfeld dafür, sich – statt Fluchtwege einzuschlagen – nach innen zu wenden, wo das Hören anfängt. Dahin, wo die lebendig werdende Substanz, die Beuys als eine höhere Form der Wärme betrachtet und die mit der offenen Wunde intim zusammenhängt, wahrnehmbar wird.[67] Dieses Wahrnehmen-Können heißt Zeuge werden.

Die Tat, die dadurch möglich wird und die einen zum Zeitgenossen macht, ist aber keine, die in die Welt des Gewordenen eingreift, sondern eine, die ihren Beitrag im Bereich des Werdenden leistet. Es ist die Tat des Mittragens. Die Kraft zum Mittragen gibt sich in mir schon als Möglichkeit zu erkennen, als ein Potenzial, das ich herbeirufen kann, in welcher Situation ich mich auch immer befinden mag.

Es handelt sich gar nicht darum, *über diese Kraft* zu sprechen. Das würde sogar ihre Wirksamkeit zerstören. Es genügt, *aus dieser Kraft heraus* zu sprechen, damit sie in allem wirkt, was ich sage und tue. Geistesgegenwart ist nichts anderes, als sich »hörend« im Innern dieser Kraft aufzuhalten. Und obwohl ich mich immer wieder aufs Neue umwenden muss, ist die Möglichkeit, die Wunde zu »hören«, eine bleibende. Sie kann als Möglichkeit nicht mehr verschwinden und es hängt allein von mir ab, ob sie an der lebendigen Substanz mittragen kann.

Man sollte das aber nicht missverstehen. Mit der Kraft zum Mittragen ist nicht gemeint, dass nun Lösungen für die Probleme gefunden werden, die mich in der Phase des Zuschauerdaseins ohnmächtig zurückließen. Dies trifft nicht zu. Statt einer *Lösung* kann nun aber eine *Erlösung* erfolgen, und zwar nicht nur als einmaliges Ereignis. Es besteht eine fortwährende Wechselwirkung zwischen mir und den Ereignissen meiner Umgebung. Diese Wechselwirkung könnte man am besten mit einem lebendigen Gewebe vergleichen, an dem fortwährend gearbeitet wird. Die Muster, die dabei in Erscheinung treten, wie flüchtig sie auch sein mögen, legen Zeugnis ab von mir und meiner Zeit. Sie verweben sich weiter – in die Zukunft hinein. Vielleicht sind sie die eigentlichen Zeugen.

Kapitel III
Wunde und Wunder

Die Rosen von Sarajevo

Kann man Zeuge der Verwundungen seiner Zeit werden? Und wenn ja, wie kann das gelingen? Lassen sich bestimmte Ereignisse herausgreifen, die man im Nachhinein deutet? Reicht eine Beschreibung, eine Art Reportage dafür aus? Und wie ist es um die Objektivität des Geschehens bestellt? Kann hier vielleicht die Fotografie weiterhelfen? Scheint nicht gerade ein Foto nur die bloßen Fakten darzustellen und damit eine sonst nicht erreichbare Objektivität zu garantieren?

Die hier gezeigte Fotografie, die von der Bildlegende *Sarajevo Hospital* oder zuweilen auch *Trois Frères* begleitet wird – nur eine Information, weiter nichts – habe ich mir oft und lange angeschaut. Was spielt sich hier ab? Was ist zu sehen? Vier Menschen im Saal eines Krankenhauses. Drei sind am Leben, der vierte liegt auf einer Bahre und ist offenbar tot. Einer der Lebenden, vielleicht ein Arzt oder ein Pfleger, trägt einen weißen Kittel. Er sitzt an der Wand, die Hände zwischen den Knien, und hat das Haupt ein wenig sinken lassen. Ein zweiter hat den Rücken zur Bahre gekehrt und die Arme auf das Fensterbrett

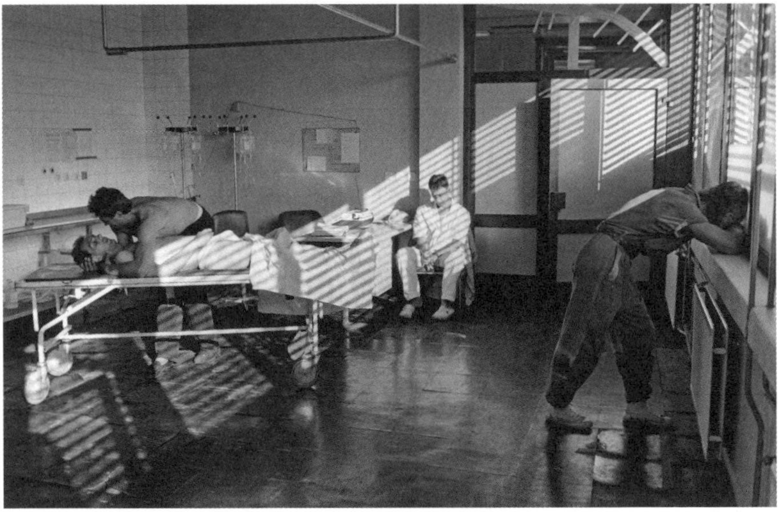

Sarajevo Hospital, July 1993
Copyright: Luc Delahaye

gelegt, auf dem sein Oberkörper niedergesunken ist; das Gesicht verbirgt er in seinen Armen. Hinter ihm beugt sich die dritte Person über die Bahre mit dem Toten und hält dessen Haupt. Das Leintuch ist nach unten geschoben, das Antlitz des Verstorbenen freigelegt. Das durch den Rollladen fallende Licht erhellt das Zimmer in diagonalen Streifen.

Immer wieder musste ich bei der Betrachtung des Bildes erleben, dass ich, obwohl ich es versucht hatte, nicht »hineinkam«. Ich blieb draußen, so als schaute ich mir das, was sich im Zimmer abspielt, von Weitem oder durch eine Öffnung in der Wand an. Ich war und blieb Außenseiter.

In ihrem Essay *Das Leiden anderer betrachten* kommt Susan Sonntag zu der Feststellung, dass – bezogen auf das

Leid – letztlich auch die Fotografie scheitern muss. Jeder kennt sie, diese »Dokumente der Grausamkeit« aus dem 20. und 21. Jahrhundert. Sie sind entweder zu Ikonen oder zu Postern – oder zu beidem – geworden. Aber wenn sie als Aufruf im Sinne eines »Nie wieder« gedacht waren, konnten diese weltweit verbreiteten Bilder nur wenig beitragen. »Zwischen den Absichten des Fotografen und der Perspektive der Betrachter geht das Foto seinen eigenen Weg. Ruft nach Frieden oder schreit nach Rache«, schreibt Susan Sontag.[68]

Aber wird dieser Ruf überhaupt gehört? Oder wird das Foto inmitten der stetig wachsenden Flut von Bildern einfach konsumiert? Auch im Sinne eines ästhetischen Genusses? Die Grenze zum Voyeurismus wird hier immer dünner. Im besten Fall wird der Ruf zwar wahrgenommen, aber er geht bald wieder unter, erlischt in der Flut. Dem Zuschauersein zu entkommen, ist nicht leicht. Im Grunde entkommt man nie, es sei denn, es gelingt einem, sich auf den Weg zu machen, um vom Zuschauer zum Zeugen zu werden.

Der französische Fotograf Luc Delahaye (*1962) gewann mit diesem Bild 1994 den ersten Preis in der Kategorie »People in the News« des Wettbewerbs der World Press Photo Foundation. Obwohl er als sehr junger Fotojournalist auf vielen »Schlachtfeldern« des 20. und 21. Jahrhundert dabei gewesen war, versuchte er immer Distanz zu wahren. Es war ihm wichtig, dass ein gewisser Hang nach Sensationslust keine Chance bekommen würde. Das Schwarz-Weiß-Foto wurde am 1. Juli 1993 während des Krieges in Bosnien aufgenommen. Delahaye beschreibt genau, wie das Bild zustande kam:

Es war nur noch ein Mediziner da, als die Brüder des verstorbenen bosnischen Soldaten Remzija Aljukic ihrer Trauer erlagen. Nachdem Remzija von einem serbischen Sniper angeschossen worden war, hatten ihn seine Brüder, die in derselben Einheit dienten, in das nahegelegene Kosovo-Krankenhaus gebracht, ein medizinisches Zentrum in der Nähe der Front, das nur über die grundlegendsten Einrichtungen verfügte. Er starb wenige Minuten nachdem er in die Notaufnahme gebracht worden war. Als die Ärzte gerade den Versuch aufgaben, Remzija wiederzubeleben, stürmten seine Brüder in das Zimmer.[69]

Noch immer hatten die beiden Brüder also die Hoffnung, Remzija würde überleben. Das Foto zeigt die nächste Sekunde, das heißt den Moment der Trennung zwischen Leben und Tod, zwischen einem Vorher, das es nie mehr geben wird, und einem ebenso unerbittlichen Nachher.

Ich habe den Bericht, der das Bild von Delahaye begleitet, erst Jahre später gelesen. Dadurch bekam ich die Möglichkeit eines Narrativs: Ich konnte mir eine Geschichte zu diesem Foto erzählen. Was aber nicht heißt, dass ich dadurch in das Bild hätte »hineintreten« können. Erst ein späterer Aufenthalt in Bosnien hat mir das erlaubt.

Als ich das erste Mal in Sarajevo war – kurz nach dem Krieg, in einer tief verwundeten Stadt –, fielen mir die vielen »Rosen« im Straßenbelag auf. Es wurde mir sogleich erklärt, woher sie stammten: Es handelt sich um die Spuren der Granateinschläge, die während der jahrelangen Belagerung Sarajevos entstanden waren. Von Granaten, die die serbische Artillerie von den

The Roses of Sarajevo, 2012
Copyright: Francisco Antunes

Hügeln zu beiden Seiten der Stadt in Richtung Zentrum abgefeuert hatte – etwa dreihundert pro Tag. Auf dem Asphalt lassen die Spuren vage an eine Blume denken. Die Einwohner von Sarajevo haben die Einschläge rot markiert, um daran zu erinnern, dass an dieser Stelle ein Mensch getroffen wurde. Fast jede Rose bedeutete einen oder mehrere Verwundete und Tote. An einer ehemaligen Bäckerei gab es sehr viele dieser Rosen, sogar eine ganze Reihe hintereinander.

Unter tausend frohen Stunden,
So im Leben ich gefunden,
Blieb nur eine mir getreu;
Eine, wo in tausend Schmerzen
Ich erfuhr in meinem Herzen,
Wer für uns gestorben sey.

Meine Welt war mir zerbrochen,
Wie von einem Wurm gestochen
Welkte Herz und Blüthe mir;
Meines Lebens ganze Habe,
Jeder Wunsch lag mir im Grabe,
Und zur Qual war ich noch hier.

Da ich so im stillen krankte,
Ewig weint' und wegverlangte,
Und nur blieb vor Angst und Wahn:
Ward mir plötzlich, wie von oben
Weg des Grabes Stein gehoben,
Und mein Innres aufgetan.

Wen ich sah, und wen an seiner
Hand erblickte, frage Keiner,
Ewig werd' ich dieß nur sehn;
Und von allen Lebensstunden
Wird nur die, wie meine Wunden
Ewig heiter, offen stehn.

Novalis[70]

Bei einem späteren Aufenthalt war ich gemeinsam mit einer kleinen Gruppe in der Wohnung der Erzählkünstlerin Micaela Sauber eingeladen, die zu dieser Zeit in Bosnien arbeitete. Das Fenster war geöffnet, das Leben auf der Straße, die noch immer mit den Rosen übersät war, nahm seinen gewohnten Lauf. Die Sonne schien. Es war heiß. Aus einer Moschee kamen nach einer Gebetsstunde einige Menschen heraus und kauften sich ein Eis. Ein Hauch von Freude und Leichtigkeit war zu spüren.

Genau in diesem Moment las Micaela Sauber uns aus einem Buch von Novalis vor. Ich kannte das Gedicht, aber ich hörte es wie zum ersten Mal. Für einen winzigen Augenblick fielen der Ort, an dem ich war, und die Stunde des Vorlesens zusammen. Raum und Zeit begegneten sich. Und auf einmal erschloss sich mir das Foto von 1993. Nein, auf die Fakten zu zeigen, reicht nicht aus! Gewiss, das Foto hatte mich tief berührt. Es blieb in mir am Brennen. Und diese Berührung hat eine lebendige Spur hinterlassen. Die Wunde aber lebt in einem anderen Bereich, dessen Zugang ich erst im Vertiefen dieser Spur finden kann. Dorthin zu gelangen, lässt sich nicht planen. Indem ich aber still werde und lausche, kommt es auf mich zu. Ich höre es. Und werde leise sehend. Schritt für Schritt.

Wunde und Berührung

Wenn sich das Leben als schöpferisches Prinzip in mir zu offenbaren beginnt, geschieht dies in einer Art Berührung. Wir werden berührt, wir sind berührt. Aber kann ich überhaupt noch berührt werden? Berührt vom lebendigen Vermögen in mir? Das

Herz als Wahrnehmungsorgan für dieses Berührtwerden erwacht. Erwachen ist schon eine Wahrnehmung. *Diese* erste Berührung – wie ein »Erstlingsregen von Leben im Leben« – können wir Verlangen nennen. Verlangen als *Eros* im platonischen Sinn. Die Erfahrung des Berührtwerdens lässt keinen Zweifel an dessen Art und Herkunft. Berührt zu werden, lässt etwas sprudeln und hervorquellen, das immer breitere Kreise ziehen wird.

Im Jahr 1910, nach einem kurzen Aufenthalt in Ägypten und Nordafrika, ist Rainer Maria Rilke (1875–1926) wieder in Paris. Er ist erschöpft, niedergeschlagen und unruhig, weiß weder wo er hingehört, noch wohin er gehen will. Erst vor kurzem sind *Die Aufzeichnungen des Malte Laurids Brigge* publiziert worden und es kündigt sich nichts Neues an. Die Kutsche, in der er auf dem Weg ins Hotel sitzt, kommt in der Rue du Bac zum Stillstand. Irgendein Stau. Als er aus dem Fenster blickt, bemerkt er im Schaufenster eines Geschäfts auf der Höhe des Fahrzeugs ein Buch, das sofort seine Aufmerksamkeit erregt. Der Titel, *Anonyme de L'Amour de Madeleine,* trifft ihn wie ein Schlag aus heiterem Himmel. Aus welchem Grund begreift er selbst nicht. Er will aussteigen, um es zu kaufen, aber genau in dem Moment wird die Fahrt fortgesetzt.
Einige Tage später gelingt es ihm, das kleine Buch zu erwerben, er verliert es, kauft es ein weiteres Mal und verliert es aufs Neue. Erst beim dritten gekauften Exemplar kann er sich mit dem Inhalt vertraut machen. Er liest das Werk in einem Atemzug durch. Das dreimalige Finden und Verlieren fasst er wie eine Art Präludium auf, wie eine Vorhersage des Geschriebenen. Es handelt sich um die Predigt eines bis heute unbekannten Autors. Das Manuskript wurde ein Jahr zuvor von einem Abbé Joseph Bennet in der Kaiserlichen Bibliothek von Sankt Petersburg entdeckt, der es prompt herausgab. Rilke fühlt sich von der Schrift so sehr

Verlangen will sich selbst gewahr werden, will fließen. Aber um fließen zu können, muss es sich orientieren. Es ist dieser Moment, in dem man eine Richtung einschlägt. Sich aufrichten ist also eine innere Bewegung an sich und bedeutet nicht, der Bewegung schon im Voraus eine Bestimmung zu verleihen. Die Berührung kommt als erstes. Und das suchend-tastende Orientieren folgt aus ihr. Im Folgen dieser Richtung richten

berührt, dass er sich entscheidet, das Buch ins Deutsche zu übersetzen: *Die Liebe der Magdalena.* Die Predigt erzählt von der dreifachen Liebe Maria Magdalenas und ihrem dreifachen Berührtwerden. Dreimal wird sie von der Liebe berührt und dreimal muss sie den Geliebten verlieren.

> *Magdalena, Jesu heilige Liebende, hat ihn geliebt in seinen drei Zuständen. Sie hat ihn geliebt als Lebendigen, sie hat den Toten geliebt, den Auferstandenen hat sie geliebt. Dem gegenwärtigen und lebenden Jesus Christus hat sie die Zärtlichkeit ihrer Liebe unter Taten bewiesen, dem toten und bestatteten die Ausdauer ihrer Liebe; aber die Geduldlosigkeiten und die Ausbrüche, das Wüten, die schwindelnde Schwachheit und Ausschweifung ihrer verlassenen Liebe hat sie für den gehabt, der in den Himmel fuhr, für Jesus Christus, den Auferstandenen.*[71]

In der Predigt wird beschrieben, wie bei jedem Schritt des dreifachen Liebens und wieder Verlierens des Geliebten das Ohnmachtsgefühl zunimmt, um schließlich beim dritten Mal zu einer Paroxie zu werden. Dort fängt der Einweg an. Die Erfahrung von Zurückweisung, Verlust und Verlassenheit macht es möglich, dass eine Nähe entsteht, die durch nichts rückgängig gemacht werden kann. Dies ist der Weg der Maria Magdalena, und das ist es, wohin ihre Liebe sie bringt: ein Berührtwerden, das nicht mehr vorübergeht.

wir uns auf wie jemand, der gerade aus dem Schlaf erwacht ist, während gleichzeitig all dasjenige, was uns stets von uns selbst trennt, wie Wolken vor der Sonne zurückweicht. In diese Sonne können wir einen Augenblick lang schauen.

Vielleicht war unser Herz die ganze Zeit »immun« gegen die Berührung gewesen. Vielleicht wurde es zwar berührt, aber es blieb kalt, eingeschlossen in sich selbst. Das physische Herz hörte nicht auf zu pochen, das natürliche Leben – *Bios* – ging weiter, aber das Herz, das das lebendige Vermögen in uns selbst – als *Zoé* – wahrnehmen kann, war versteinert. Versteinert, bis das Wunder der Berührung es wieder zum Leben erweckte.

Berührtwerden ist eine Erfahrung mit einem derart hohen Wirklichkeitsgehalt, dass sie nicht ohne Weiteres in Worte gefasst werden kann. Gewissermaßen spielt diese Erfahrung sich vor dem Wort – und an dem Wort vorbei – ab. Es lässt uns sprachlos zurück! Genauso wie auch das Wort »Verlangen« nur ein schwaches Mittel ist, um etwas von der Erfahrung darin aufzufangen. Ein jedes Wort ist ja schon eine Verdichtung an sich, ist Poetik, buchstäblich *Gemachtes,* das heißt, es hat Form angenommen. Dasjenige, was das Prinzip des Lebens in uns berührt und was wir Verlangen nennen, *lebt* in der Fülle des (noch) Unbestimmten. Aber diese Fülle will erkannt werden. Das heißt: Sie will Form annehmen. Und Form ist ihrem Wesen nach das Prinzip, das eindämmt, das beschränkt.

Verlangen ist also nicht frei von innerem Widerspruch. Denn in der Fülle, die das Verlangen umfasst, taucht ein Verlust auf. Aber wenn Verlangen *Pleroma* (Fülle) ist, was kann denn noch fehlen? Es gibt diesen einen Verlust, der von dieser Fülle nichts wegnimmt, im Gegenteil, diesen selbst als Fülle vollendet: das

Verlangen, sich zu erkennen zu geben. Das Ich will als ein Verlangendes *erkannt* werden. Nicht als Konzept, nicht als Gefühl, sondern als dasjenige, was es ist: eine reine Möglichkeit, die als solche darum bittet, erkannt zu werden. Es ist nicht ein Erkennen, das erst in dem Moment beginnt, wenn sich in dieser Fülle etwas verdichtet, etwas realisiert hat. Es geht um ein Erkennen, das im unmittelbaren Erfassen dieser Fülle diese bejaht. Denn die Fülle als eine Daseinsart der Potenz möchte so wahrgenommen werden, wie sie sich in der Unmittelbarkeit des Verlangens (als Fülle) offenbart.

Es lässt sich mit einem Denken vergleichen, das sich selbst als Aktivität erhalten kann, ohne dabei einen Denkinhalt zu benötigen. Die Denkaktivität selbst wird dann zum Inhalt, an dem sich das Denken bewegend erhält. Die Aktivität des Denkens vollzieht sich allein in der Fülle des Denkvermögens, unabhängig von einem bestimmten Denkinhalt.

Eines aber ist klar: Da, wo sich die Potenz eines jeden Menschen in der Fülle seines Verlangens offenbaren will, da wird er verletzlich. Die Berührung, die das Verlangen in uns geweckt hat, macht uns empfindlich. Jedes Kind hat diesen Schmerz erfahren müssen: Es zeigt sich in der Fülle seines Vermögens und wird zurückgewiesen, weil es zum Beispiel der Erwartung der Mutter nicht gerecht wird. Die Mutter schaut auf ein bestimmtes Ereignis, eine irgendwie nicht erfüllte Aufgabe, das Kind, die Fülle seines Verlangens voll erlebend, will als Ganzes anerkannt werden. Es will zeigen können, dass es *ganz* gut werden will, wird aber schmerzlicherweise auf seine Fehler hingewiesen. Nur dass diese Fehler kein Widerspruch sein müssen zu dieser Ganzheit seines Wesens. Sie sind Teil dieser Ganzheit. Auch sie, die Fehler, haben letztendlich ihre Wurzeln in dieser Fülle des Verlangens. Beide kommen aus der Ganzheit der Potenz hervor. Und diese Ganzheit anzuerkennen, heißt zugleich, die damit verbundene Verletzlichkeit anzuerkennen.

Die brennende Frage

Das Leiden ist ein Ton in der Welt. Es klingt. Und im Klingen durchdringt es alles Lebendige, alles Seiende. Die Stimme seiner Zeit und ihre Verwundung kann man »hören«. Sind also die Künstler, die Musiker, die Komponisten dazu aufgerufen, diesen Ton lauschend wahrzunehmen? Sind sie die Seismografen ihrer Zeit? Ist Kunst vielleicht dazu berufen, die Wunde der Zeit zu zeigen, Zeugin zu werden, anstatt die Wunde heilen zu wollen? Die offene Wunde? Oder ist dieses Zeigen der Wunde die einzig mögliche Heilung? Und wenn ja, was wäre dann »Erlösung«?

Jeder Mensch, sofern er den Weg des Werdenden geht, ist ein Künstler. Denn Künstler zu sein, heißt: Das Gewordene immer wieder aufs Neue in ein Werdendes umwandeln zu können. Das Endprodukt ist hier also kein Gewordenes. In erster Instanz kann es nicht darum gehen, etwas abzuliefern, das eine endgültige Form oder Gestalt angenommen hat. Denn das Lebendig-Werdende in einer bestimmten Gestalt soll aus dieser endgültigen Bestimmtheit befreit werden. Das Werdende kann sich einen Moment lang in einer Form manifestieren, aber diese Form löst sich wieder auf, damit eine neue Form entstehen kann. Dieses Sich-Aufhalten als kontinuierliche Bewegung von Form zu Form ist eine Bewegung durch die Zeit, also eine Zeitgestalt.

Das Berühren und Berührtwerden ist ein Vorgang, der sich im Wechselwirkungsprozess zwischen Leben als Potenz und Form fortwährend abspielt. Manche Künstler haben dies in ihrem Werk zum Ausdruck gebracht, indem sie in der Reflexion über den künstlerischen Prozess das allererste Berührtwerden und Berühren als die »brennende Frage« umschreiben. Vielleicht gibt es keinen anderen Bereich des Daseins, in dem diese Wechselwirkung zwischen Form und Leben so deutlich ans Tageslicht kommt wie im Entstehungsprozess eines Kunstwerks. Künstler ist derjenige, der in sich die Möglichkeit trägt, etwas Neues hervorzubringen, etwas, das es vorher noch nicht gab. Im Prinzip trifft das für jeden Menschen zu, denn jeder Mensch ist Träger seiner Potenz. Die Tatsache, dass nicht jeder Mensch etwas Neues hervorbringt, widerspricht dem nicht. Denn es genügt nicht, über die Möglichkeit zur schöpferischen Tätigkeit zu verfügen. Sie muss aktualisiert werden, das heißt, sie muss immer wieder aufs Neue ihren Ausdruck in einer wahrnehmbaren Form erhalten. So kann die Fülle der Potenz anerkannt und das Verlangen als solches gewürdigt werden.

In diesem Kontext muss der Begriff »Kunstwerk« auf all dasjenige ausgeweitet werden, was aus diesem brennenden Verlangen heraus in Erscheinung tritt. Was braucht man dazu? An erster Stelle ist es notwendig, dass man berührt wird und man dieses Berührtwerden seinerseits so in sich lebendig erhält, dass daraus etwas manifest werden kann. Anders ausgedrückt: Der schöpferische Prozess beginnt auf der Seite der lebendigen

Potenz, also dort, wo es noch keine sichtbare Manifestation gibt. Es kann keine Form geben, bevor nicht das Leben oder die Potenz wirksam geworden ist. Leben als schöpferisches Prinzip geht der Wirkung des Formprinzips und demnach der vollendeten Form voraus.

Werde ich berührt und kann ich dieses Berührtwerden in mir lebendig erhalten, wird die lebendige Potenz in mir zur brennenden Frage. Es ist möglich, hier noch weiter zu nuancieren. Leben als Prinzip kann nicht einfach mit Verlangen gleichgesetzt werden. Verlangen ist vielmehr die erste Erscheinungsform der Potenz, so wie diese sich zu erkennen gibt. Das bedeutet nicht, dass dieses Erscheinen ohne Weiteres wahrnehmbar wäre. In vielen Fällen scheint es sogar so zu sein, dass dies größtenteils unserer Aufmerksamkeit entgeht. Oder es wird in einer abgeschwächten Form umgesetzt: als Nostalgie, als Erwartung, als Träumerei und als sich selbst suchende Sehnsucht.

Ein Grund dafür ist, dass das Verlangen, wie es in der Wirklichkeit erscheint, sich (noch) nicht auf ein Objekt richten kann, wenn es tatsächlich Verlangen bleiben will. Gibt es ein Objekt, dann muss es von Anfang an *gegeben* sein, wie bei einer ausgesprochenen Erwartung. Es ist dann dieses Ziel, das ins Bewusstsein gelangt. Das Verlangen selbst aber kann nicht in Form eines Inhalts (Ziel, Objekt und so weiter) bewusst werden. Das Verlangen ist sein eigener Inhalt. Es braucht kein Ziel, um Verlangen zu sein. Aus diesem Grund ist es viel schwieriger wahrzunehmen.

Ein zweiter Grund ist der kaum zu fassende und zu ertragende Wirklichkeitsgehalt der Erfahrung der eigenen Potenzialität. »Ein jeder Engel ist schrecklich«, schreibt Rilke in einer seiner *Duineser Elegien.*[72] Wenn man diese Erfahrung zulässt und sie sich zum Verlangen steigern und verdichten kann, ist die Verletzlichkeit unmittelbar präsent. Es ist wie ein Sprung vom Samen zum Keim. Ein Samen ruht noch ganz in sich selbst. In diesem Sinne ist die Potenz mit einem Samen ganz gut vergleichbar. Wenn er aber anfängt zu Keimen, liefert er sich dem aus, was ihm entgegenkommt. Er wird verwundbar.

Manchmal vergleichen Künstler diese innere Wahrnehmung mit einer Art Spannung, einer ungeheuren Spannung sogar: So, als ob etwas drängt und drückt, als ob etwas *will.* In diesem Drängen liegt der Sprung vom Samen zum Keim, findet die innere Spannung ihren Ausgleich. Etwas will keimen, das heißt: Etwas will Form annehmen können. Denn dasjenige, was *will,* sucht danach, diesem Streben einen Ausdruck zu verleihen. Allerdings braucht es für den Zwischenraum, für den Übergang vom Samen zum Keim, den richtigen Zeitpunkt. Schon da offenbart sich die prinzipielle Verletzlichkeit des Menschen. Denn wie und wann die Saat keimen wird, kann nicht im Voraus bestimmt werden.

Man muss warten. In den meisten Fällen bedarf es einer recht langen Wartezeit. Zwanzig Jahre waren bei Rilke notwendig, bis er letztendlich alle Elegien gedichtet hat – beziehungsweise sie sich verdichtet hatten. Ebenso wenig ist es möglich, von außen in dieses »zwischenzeitliche« Geschehen einzugreifen. Denn dadurch entsteht das Risiko, dass die Potenz als Prinzip des Schöpferischen zu früh, zu schnell in die Form schießt, wodurch nicht der volle Umfang des Potenzials in den Prozess mit einfließen kann. Der Keim wird dadurch geschwächt. So wie bei den Sonnenblumenkernen, die auf der Heizung zum Keimen kommen und nicht durch einen längeren Wärmeprozess in der Dunkelheit der Erde geweckt worden sind.

1968 fand in Tallinn (Estland) unter der Leitung von Neeme Järvi die Premiere des *Credo*, einer Komposition für Klavier, Chor und Orchester, von Arvo Pärt (*1935) statt. Das Musikstück, das je nach Aufführung kaum vierzehn Minuten dauert, ist in jeder Hinsicht bahnbrechend und stellt zugleich einen Schlüsselmoment im kreativen Prozess des Komponisten dar. Nach diesem Werk, das wegen seiner religiösen Konnotationen in der Sowjetunion verboten wurde, folgte abgesehen von zwei Kompositionen ein zehn Jahre währendes Schweigen. Ein Musikstück, das zehn Jahre Stille einleitet, kann nichts anderes als außergewöhnlich sein. Zeugnisse von Zuhörern der Aufführung drücken aus, was in ihnen vorging. Sie fühlten sich wie von der Hand Gottes getroffen. Bei manchen strömten die Tränen, andere fühlten sich wie gelähmt, einige hielten einander die Hand, wieder andere äußerten lautstark ihren Protest. Rührung und Empörung strömten wie eine Welle durch das Publikum. Pärts *Credo* wurde als eine musikalische Darstellung des Konfliktes zwischen tonaler und atonaler Musik gedeutet. Nachdem der Chor mit dem *Credo in Jesum Christum* eingesetzt hat, spielt das Klavier einen Satz des Präludiums in C-Dur aus Johann Sebastian Bachs *Wohltemperiertem Klavier*, das daraufhin von einer immer lauter werdenden Kakofonie von Stimmen übertönt wird. Das, was Klang war, bricht in einem Chaos von Stimmen auseinander. Nachdem es abrupt beendet wird, nimmt das Klavier Bachs Präludium wieder auf und der Chor singt die Worte Christi aus dem Matthäus-Evangelium, langsam endend mit: »Non resistere malo« – »Ihr habt gehört, daß gesagt ist: ›Auge um Auge und Zahn um Zahn.‹ Ich aber sage euch: Widersetzt euch nicht dem Bösen; sondern wenn einer dich auf die rechte Wange schlägt, so halte ihm auch die andere hin.«[73]

Pärt hatte sich bis zu diesem Zeitpunkt vor allem mit atonaler Musik befasst. Er arbeitete mit einer gewissen Strenge an seinen Kompositionen und wandte die Regeln des Zwölftonsystems rigoros an. Aber bei dieser Suche war er an eine Grenze gestoßen. In einem Interview sagte er, dass es während des Entstehungsprozesses des *Credo* die Worte Christi »Widersetzt euch nicht dem Bösen« waren, um die herum sich der Schöpfungsprozess herauskristallisiert hatte. Er fasst rückblickend zusammen: »In dieser Periode lebte in mir eine Art Vorahnung, dass ich dabei war, etwas zu entdecken, dass ich mich auf der Schwelle eines neuen Anfangs befand. Das wichtigste Element dabei waren die Worte des Evangeliums, die ich in der Musik ausdrücken wollte.«[74]

Nach der fulminanten Aufführung des *Credo* bricht eine lange Periode des Wartens und der inneren Stille an. Pärt spricht über sein Verlangen nach etwas Glasklarem, Transparentem, nach einer einzigen Melodielinie: »Das Einzige, was ich wollte, war eine einfache Melodielinie, die innerlich lebt und atmet, [...] die Reinheit einer Monodie, eine einzige Stimme ohne Begleitung, aus der alles herausströmen würde. Aber ich hatte nicht die geringste Ahnung, wie ich das verwirklichen könnte.«[75] Aus zehn Jahren des Verlangens entstand schließlich eine neue Sprache, das Tintinnabuli. Das neue Ohr, von dem Pärt in dieser Zeit wiederholt sprach, das neue Ohr, das er schaffen wollte, war endlich fertig. In ihm konnte die Musik wieder sprechen.

Es findet aber noch ein zweiter Sprungmoment statt. Wann hat sich das Verlangen in einer äußerlich wahrnehmbaren Gestalt genügend erkennbar machen können? Und welchen Grad der

Vollkommenheit soll die Gestalt bekommen? Wann ist also der richtige Moment erreicht? Vorzeitig abschließend zu gestalten und nicht aufhören können zu gestalten – dazwischen die Mitte zu finden, das ist die Herausforderung. Zu früh, zu schnell, heißt zum Beispiel, dass die Gestaltung einen Mangel an innerem Zusammenhang aufweist. Zu spät, zu lange die Gestaltung anhalten, verdichtet sie. Sie weist dann einen Mangel an Durchlässigkeit, an Transparenz auf. Deutlich wird, dass nicht die Gestaltung an sich, sondern die brennende Frage – und nur sie – diesen richtigen Moment von innen heraus bestimmen kann. Zugleich hängt es von der brennenden Frage ab, inwieweit die Verletzlichkeit dazu beitragen kann.

Was die beiden Sprungmomente gemeinsam haben, ist, dass es sich um Wärmeprozesse handelt. Loslassen etwa ist eine intime Angelegenheit, die eng an die brennende Frage geknüpft ist. Nichts oder niemand darf in dieses Geschehen eingreifen. Denn externes Eingreifen dämpft die brennende Frage, die nur von innen heraus aufleuchten und wirken kann. Bis zu einer gewissen Grenze *will* sie brennend bleiben! Verlangen, wenn es Verlangen bleiben *will*, sollte brennen können. Wenn dabei unvermeidlicherweise eine Verletzung auftritt, sich sogar damit verbindet, ist es eine Hilfe, dieses Brennende erhalten zu können.

Das ist kein wildes Geschehen, im Gegenteil! Es geht um das behutsame tägliche Pflegen der inneren Flamme: dieser Aufmerksamkeit zu schenken, ohne etwas zu erzwingen oder einzufordern. In einem Brief an Dostojewski fragt Alexander Pawolwitsch Nadimow ihn, ob er, Nadimow, seine literarische Karriere fortsetzen solle. Dostojewski antwortet, dass Nadimow die Antwort darauf nur in sich selbst finden könne, nämlich da, wo das Vermögen lebt: »In meiner Seele gibt es eine Art Flamme, der ich Vertrauen schenke. Wohin das sonst auch führen mag.«[76] Die einzig wirksame Antwort findet man dort, wo die unscheinbare Flamme ihr Licht verbreitet, wo es brennt. Eine stille, in sich gekehrte Sorgfalt und keine Besorgnis: »Wohin das sonst auch führen mag.« Hier kann nichts Bestimmtes erwartet und schon gar nichts eingefordert werden. Genauso wenig kann verhandelt oder Hilfe oder Korrektur von außerhalb in Anspruch genommen werden. Hier »regiert« das Verlangen – und die schöpferische Kraft der Imagination.

Lediglich aus der Potenz selbst heraus, die als Prinzip den Kern der brennenden Frage ausmacht, kann die Flamme wachgehalten werden. Wie und welche Form im weiteren Verlauf entsteht, hängt direkt damit zusammen. Ein Künstler zum Beispiel, der den Formprozess zur Prozedur macht, löscht die Flamme. Aber wer trotz der tief gefühlten Ohnmacht imstande bleibt, im Zwischengebiet zwischen Samen und Keim wach zu bleiben, dieses Gewässer zu durchwaten und die Flamme zu hüten, der trägt das Leben von einem Ufer zum anderen. Vom Ufer der reinen Möglichkeit hin zum Ufer der Manifestation.

Leben und Form: Schlüssel der Biografie

Die verhältnismäßig kurze Passage, in der Rudolf Steiner über den Lebenszyklus der Pflanze als Ausdruck der Wechselwirkung zwischen den Prinzipien »Leben« und »Form« spricht, gilt für jeden künstlerischen Prozess, bei dem ein Lebendiges gestaltet wird. Es geht dabei um mehr als nur eine Betrachtungsweise, was deutlich wird, sobald man diese Wechselwirkung im Sinne Steiners als einen »Schlüssel« betrachtet, der auf jeden lebendigen Organismus angewendet werden kann, insoweit dieser sich im Zeitverlauf manifestiert. Leben als Prinzip umfasst in diesem Kontext, die Summe der Möglichkeiten mit der jeder Mensch auf die Welt kommt. Leben ist eine Potenzialität. Form ist das Prinzip, durch das die Potenz Gestalt annehmen kann.[77]

Während die Wechselwirkung in der Pflanzenwelt darin besteht, dass aus jeder Pflanze eine nächste (identische) Pflanze entstehen kann, gilt dies für den menschlichen Lebenslauf nicht – ebenso wenig wie für die Biografie einer Organisation. Die Veränderungen, die hier auftreten, führen nicht zum ursprünglichen Anfangszustand zurück. Man kommt nicht wieder an der Stelle an, an der man irgendwann begann. Rückkehr ist nicht möglich. Das beruhigende Wissen, dass eine Pflanze, auch wenn sie verwelkt, im Frühjahr erneut wachsen und blühen wird, hat hier keine Gültigkeit. Darauf warten, bis es wieder wie früher sein wird, oder sich an den Gedanken klammern, dass auf Regen Sonnenschein folgt, hat nicht den geringsten Sinn.

Dennoch gibt es in der Biografie eines Menschen oder einer Organisation einen Lichtblick: Es kann in einer solchen Phase der Umwandlung wirklich Neues entstehen. Nicht etwa Altes in einer etwas anderen Gestalt ist hier gemeint. Sondern das Neue als dasjenige, was man noch nicht kennt und das vorher nicht gekannt werden konnte. Das Neue, das sich lediglich in dem Entstehungsprozess selbst und durch ihn manifestieren kann.

Die Folgerungen daraus liegen auf der Hand, was nicht heißt, dass sie mühelos in der Praxis zu verwirklichen sind. Zu den Umwandlungsprozessen in der Biografie eines Menschen oder einer Organisation gehört, dass, wenn die Form, also das bis dahin Verwirklichte, nicht länger seine Wirksamkeit entfaltet, es nicht ausreicht, eine neue Form zu suchen. Denn aus welchem Leben sollte diese neue Form entstehen? Eine neue Form setzt voraus, dass das Leben aus seiner vorherigen Form befreit werden kann. Lediglich aus diesem zu sich selbst zurückgekehrten Leben, das heißt aus der Potenz, die erneut über ihre Fülle an Möglichkeiten verfügt, kann eine neue Form entstehen. Denn jede Form entsteht aus einem Leben, das ihr vorangegangen ist. Zumindest wenn es um eine *geeignete* Form geht, also nicht um eine *nicht-geeignete* wie eine übernommene oder kopierte Form.

Dieser Prozess lässt sich schon dadurch erklären, dass das Leben danach verlangt, sich in einer Form auszudrücken. Das Vermögen will erneuert werden. Die Potenz als das Lebensprinzip in jedem Menschen will Form annehmen. Nicht irgendeine Form, sondern eine Form, die aus diesem Leben, aus diesem Vermögen, entstehen will. Leben will sich in einer Form ausdrücken, die mit diesem Leben zutiefst zusammenhängt. Dahin richtet sich das Verlangen und es will sich nicht mit einer Form zufriedengeben, die von irgendwo herbeigeholt wird.

Je heftiger das Verlangen ist, Form anzunehmen – was auf ein starkes Vermögen hindeutet –, desto weniger wird es möglich, dieses Leben in einer einzigen Form zum Ausdruck zu bringen. Eigentlich können wir davon ausgehen, dass das Leben immer dasjenige übertrifft, was in einer Form Ausdruck findet. Es gibt keine Form, die alle Möglichkeiten einer bestimmten Potenz in einem einzigen Mal zum Ausdruck bringen könnte. Dies stellt kein Defizit des Formprinzips dar – die Form will ja sterben –, diese Beschränkung bildet vielmehr einen Teil der Intention, die es in sich trägt. Das Prinzip der Form will sterben, um aus dem auf diese Weise befreiten Leben so viele neue Formen wie möglich entstehen zu lassen.

Dennoch kommt es vor, dass aus einem bestimmten Leben nicht unmittelbar eine geeignete Form entstehen kann. Je intensiver dieses Leben ist, desto mehr Zeit braucht es, damit es in einer entsprechenden Gestalt in Erscheinung treten kann. Damit bestimmtes Leben nicht verlorengeht, sollte aus reiner Notwendigkeit eine bereits bestehende Form entliehen werden. Diese entliehene Form ist per definitionem zeitlich begrenzt und hat zur Aufgabe, die Zeit zu überbrücken, die nötig ist, um eine geeignete Form entstehen zu lassen.

Ein Beispiel, das Steiner hierfür gibt, regt zum Nachdenken an. Darin spricht er über das Leben, das sich im beginnenden Christentum als schöpferisches Vermögen manifestieren will. Dieses Leben ist Christus.[78] Dieses Leben aber ist von einer derart hohen Intensität und ungeheuerlichen Kraft, dass die Zeit, die nötig ist, um eine neue Form zu erschaffen, mithilfe einer vorläufigen Form überbrückt werden muss – und zwar in Steiners Beispiel mithilfe derjenigen Form, die aus dem Leben der vorangegangenen römisch-hellenistischen Kultur entstand. Diese vorläufige Form macht es möglich, dass im Prinzip des Lebens das Vermögen nicht implodiert.

Leben, das zu lange warten muss, bevor es sich in einer Form manifestieren kann, fällt in sich selbst zurück und beginnt zu wuchern. Es ist ja das Formprinzip, welches das Leben begrenzen wird, sodass es in Erscheinung treten kann. Eine Form, an der man zu lange festhält, erstarrt andererseits allmählich. Das Leben kann dann nicht freiwerden und folglich kann nichts Neues entstehen. In beiden Situationen, der des Wucherns und der des Erhärtens, findet keine Wechselwirkung mehr statt.

In dem Maße, in dem das Vermögen intensiver und umfassender ist, wird mehr als nur eine Form notwendig, damit das Vermögen sich manifestieren kann. Festzuhalten an einer bestimmten Form, wie passend diese auch scheinen mag, verhindert, dass das Neue in Erscheinung treten kann.

Beim hier Beschriebenen handelt es sich, wie schon angedeutet, nicht um aufeinanderfolgende Zeitgestalten im Sinne des Pflanzenzyklus, also etwa um Keimblätter, Stängel und Blätter. Bei der Pflanze ist es zwar potenziell möglich, dass sie sich selbst reproduziert, nicht jedoch, dass für ein und dieselbe Pflanze eine neue Zeitgestalt erschaffen wird. Die Pflanze wiederholt sich von Zyklus zu Zyklus selbst. Der Mensch hingegen erschafft sich selbst neu, er bringt sich selbst zu *Zoé,* zu Leben innerhalb des Bereichs des Daseins *(Bios)* zwischen Geburt und Tod. Und es ist nicht ausgeschlossen, dass er sich selbst erneuert, von Leben zu Leben.

Es gibt noch eine weitere Folgerung. Wenn aus dem Lebenspotenzial wie aus einer Quelle immer wieder neue Ausformungen entstehen, wie verhalten sich diese dann zur Quelle? Wird die Quelle irgendwann versiegen? Nichts ist weniger wahr, denn das Vermögen, die Potenz, erschöpft sich nicht. Es geht hier ja nicht um eine Menge in der quantitativen Bedeutung des Wortes. Je mehr neue Formen aus dem Lebenspotenzial entstehen, desto intensiver wird das Vermögen. Hier liegt die intime Verbindung zwischen dem Prinzip des Lebens einerseits und dem Verlangen, dem *Eros,* andererseits. Das Verlangen wird stärker in dem Maße, in dem es sich stärker äußern kann. Sich zu äußern ist hier aber nicht gleichzusetzen mit »in Erfüllung gehen«. Verlangen will sich immer wieder neu »veräußerlichen«, in einer immer wieder anderen Zeitgestalt erscheinen. Dadurch bewahrt es nicht nur die Kraft zu verlangen, sondern das Verlangen selbst wird stärker. Ähnlich wie dies auch für das Leben als Prinzip gilt.

Sowohl in Bezug auf die individuelle Biografie als auch auf Organisationen gilt, dass es eine geeignete und eine nicht-geeignete Form gibt. Eine geeignete Form ist aus dem Verlangen des Lebens heraus entstanden, sich auszudrücken. Eine nicht-geeignete Form ist eine bereits bestehende Form, die – aus welchem Grund auch immer – entliehen wurde. Letzteres kann damit zusammenhängen, dass dies die einzige Möglichkeit ist, das Leben nicht in sich selbst wuchern zu lassen, wodurch es seine Potenz verlieren würde. Aber es kann auch durch das Missverständnis entstehen, die eine Form könne die andere ablösen. Viele Organisationsexperten setzen das als selbstverständlich voraus. Als ob man auf eine bereits aufgegangene Blume eine andere pfropfen könnte! Selbstverständlich entsteht etwas anderes, aber nicht etwas Neues in der radikalen Bedeutung des Wortes.

Wenn aber die Form tatsächlich aus dem vorangegangenen Leben entsteht, wird eine einzige Form nicht ausreichen – dies muss in Kauf genommen werden. Mehrere Formen werden während des Verlaufs nötig sein.

Dies bedeutet also, dass der komplette Prozess einige Male durchlaufen werden muss. Nicht lediglich vom Keim zur Blüte, um im Bild des Pflanzenzyklus zu bleiben, sondern der gesamte Zyklus. Also auch der Bogen von der Blüte über die Frucht zur Samenbildung. Eine neue Form kann nur dann geschaffen werden, wenn sowohl der Prozess der Evolution als auch der der Involution miteinbezogen wird. Und nicht nur das: Wenn das Neue Gestalt annehmen will, so sind die beiden *Intervalle,* das heißt der jeweilige Zwischenzeitraum, der bestimmende Faktor. Alles wird davon abhängen, ob die Intervalle zwischen beiden Bögen – zwischen Samen und Keim beziehungsweise zwischen Blume und Frucht – auf die richtige Weise offengehalten werden. Denn im Intervall findet die Verwandlung statt.

Das, was währenddessen – sowohl bei der Evolution als auch bei der Involution – an aufbauenden beziehungsweise abbauenden Zeitgestalten erscheint und sich mit dem Inkarnieren und Exkarnieren des Lebensprinzips kreuzt, ist der direkte Ausdruck dessen, was sich im Zwischenzeitraum hat vollziehen können. Selbstverständlich unter der Bedingung, dass im Zwischenzeitraum tatsächlich etwas geschieht. Die Intervalle zwischen Blüte und Frucht und zwischen Same und Keim stellen keine »Wartezeiten« dar, die nach Belieben mit etwas anderem ausgefüllt werden können. Die Zwischenzeit ist keine geronnene Zeit, sondern atmende Öffnung, die fordert, dass sie in wacher Bezogenheit mitvollführt wird. Das Wachsein, das Bei-sich-selbst-bleiben-Können und die Offenheit für die Situation, erfordern ein aktives Mitvollziehen. Wobei die Wachheit zugleich verhindern muss, dass in das Mysterium des Intervalls eingegriffen wird.

Die Umkehrung des Blicks

Kunst hat also ihre eigene Zeit. Eine Zeit die nicht herrscht, sondern im Sinne Goethes bildet: »Die Liebe herrscht nicht, aber sie bildet, und das ist mehr.«[79] Wobei Kunst und Künstler oft ein ganz besonderes Verhältnis zum Element Zeit entwickeln. Es ist dann die Rede von einem Prozess. Der Begriff entstammt dem lateinischen Verb *procedere* und bedeutet »vorwärtsschreiten«. Es geht um dasjenige, was sich in und durch die Zeit entfaltet. Aber der Begriff Prozess deutet auf eine ganz bestimmte Phase in diesem Zeitverlauf hin: Es geht um eine Zwischenzeit. Jeder Prozess ist ein Voranschreiten in der Manifestation der schöpferischen Potenz zu ihrem Endprodukt.

In der Biografie, die man in diesem Sinne ohne weiteres als eine Kunstform betrachten kann, wird manifest, wie in jeder Phase etwas zum ersten Mal aus der Potenz in Erscheinung tritt, wobei das schon früher Errungene und jetzt Gewordene umgewandelt, neu gestaltet werden kann. Hinzu kommt, dass die Biografie den Verlauf eines künstlerischen Prozesses im üblichen Sinne überragt, weil es im Leben nie ein endgültiges Endprodukt geben kann. Prinzipiell ist das Leben eines jeden Menschen unvollendet, weil immer ein Rest bleibt. Die Potenz kann sich nur zum Teil verwirklichen. Keine einzige Form reicht aus, um die Fülle des menschlichen Vermögens zum Ausdruck zu bringen. Das kann nur schrittweise vollzogen werden, aber bei jedem Schritt, wie einfach er auch sein mag, klingt die Fülle mit.

Die Wirklichkeit einer Biografie ist also mehr als die Summe von Tatsachen, von Dingen und Fakten. Es gibt auch all dasjenige, was diese Dinge und Fakten miteinander verbindet. Dass es diese Verbindungen gibt, können wir zum Beispiel anhand einer Reihe von Veränderungen feststellen. Aber die Verbindung an und für sich entzieht sich unserer Wahrnehmung. Wir stellen nur fest, dass sich tatsächlich etwas verändert hat. Die Veränderung, die sich vom Samen zum Keim vollzieht, kann bis in alle Aspekte des genetischen Pflanzenmaterials hinein nachvollzogen werden. Aber nicht das Verändernde selbst als ein Prozess, der in der Zeit verläuft.

Was sich geändert hat, kann man deswegen wahrnehmen, weil es da ist. Was aber noch ganz im Prozess des Sich-Änderns *werdend* ist, lässt sich nicht auf eine solche Weise beobachten. Das Werdende *ist* nicht, sondern tritt in Erscheinung. Es tritt in Erscheinung auf dem Weg zwischen Vermögen und Aktualisierung dieses Vermögens. Wortwörtlich bedeutet Phänomen »das Erscheinende«. Nicht in der Bedeutung eines flüchtigen, vergänglichen Moments der Anwesenheit, sondern als Modalität des Sichtbar- und Wahrnehmbarwerdens. Ein Phänomen ist nicht, sondern es tritt ein. Es ereignet sich. Es ist ein Ereignis und als solches kann es nicht festgelegt oder auf ein Ding zurückgeführt werden. Dinge gibt es, aber sie ereignen sich nicht. Daran sind nicht die Dinge schuld, vielmehr hat dies mit einer bestimmten Bewusstseinseinstellung zu tun.

Der italienische Künstler Giorgio Morandi (1890–1964) hat in seinem Œuvre auf den ersten Blick immer wieder aufs Neue einige Objekte gemalt, die man in die Kategorie Gebrauchsgegenstände einordnen kann: Vasen, Schalen, Schüsseln, Flaschen und so weiter. Aber er hat sie so dargestellt, dass sie aus ihrem Gewordensein, aus ihrer Dinghaftigkeit erlöst werden. Morandi lässt sie in ein Geschehen übergehen. Sie tauchen wieder in den dahinfließenden Strom ein, in dem Formen Gestalt annehmen, um sich anschließend erneut aufzulösen. Bei den Flaschen, Schüsseln oder Vasen handelt es sich nicht um gestrandete Dinge. Sie sind allesamt in dieses merkwürdige Licht getaucht, das bei näherem Betrachten aus ihnen selbst hervorzugehen scheint. Es ist ein Licht, das die Dinge wie ein Ganzes – das heißt wie einen Kosmos – umfasst und

Giorgio Morandi, *Natura morta* (Stillleben), 1943, Privatsammlung, Modena

dadurch ihre Beziehung untereinander kurz aufleuchten lässt. Und obwohl Morandis Œuvre nach wie vor der Kategorie *Nature Morte* beziehungsweise Stillleben zugeordnet wird, ist dieser Kosmos von Leben erfüllt, in dem sich allerlei ereignet.

Diese beieinanderstehenden unscheinbaren Flaschen, Schälchen und Schüsseln sind randvoll gefüllt mit Anwesenheit. Nicht wie ein statischer Fakt, wie ein fixes Vorhandensein, sondern wie ein fortwährendes Fluktuieren zwischen Erscheinen und Verschwinden. Anwesenheit wie ein Kreislauf des In-Erscheinung-Tretens, was beinhaltet, dass sich am anderen Pol des Zyklus ein Verschwinden, ein Sich-Zurückziehen ereignet. Enthüllen und verhüllen in einer Art tanzender Bewegung. Ein Tanz, der zunächst als sanftes Murmeln, Flüstern erscheint, dann lauter und lauter wird, bis ein scharfer Ton erklingt, um schließlich wieder abzunehmen und in ein leises Geflüster überzugehen. Manchmal drängen sich die Gegenstände nach vorn, wollen Form annehmen, dann versuchen sie, wieder zu verschwinden, sich aufzulösen und zu zerfließen.

Dieses In-Erscheinung-Treten zwischen Entstehen und Vergehen geschieht vor dem Auge des Betrachters, vorausgesetzt er begibt sich selbst in den Strom des Anwesendwerdens. Ein Flüssigwerden-Lassen des bewussten Seins im Element der Zeit. Als Betrachter erlebt man sich normalerweise als Ausdehnung im Raum. Auch die Zeit, die vor einem Kunstwerk verbracht wird, nimmt man als Ausdehnung wahr: »Noch einige Minuten, dann gehe ich zum nächsten Gemälde«. Die Minuten der Betrachtung werden hier zu einer räumlichen Kategorie wie die Schritte im Museum bis zum folgenden Bild. Das Eintauchen in den zeitlichen Strom hingegen können wir als Betrachter erleben, indem wir – statt uns dem Gemälde gegenüberzustellen und es anzusehen – gewissermaßen in es hineintreten oder das Gemälde in uns eintreten lassen. Mittels eines Erlebens, das sich in der inneren Zeit entfaltet. Es wird ein Sehen von innen heraus. Oder auch: Es geht um die Umkehrung des Blicks. Nicht länger sind wir es, die das Gemälde betrachten, sondern umgekehrt: Es ist das Kunstwerk, das uns wahrzunehmen beginnt und uns sieht. Es ist eine merkwürdige Spannung, die sich in uns als Betrachter ankündigt. Die äußerlich wahrnehmbare Spannung zwischen diesen scheinbar zufällig zusammengetragenen Gegenständen schlägt um und wird zu einer Spannung in uns selbst. Aus dieser Spannung heraus kommt uns etwas entgegen, das nicht sofort in Worte gefasst werden kann. Als ob aus diesen stillen Dingen eine Art Summen, ein wortloses Bezeugen aufsteigt, als ob sie uns ihre Existenz kundtun wollen, als ob sie uns sehen und fragen: »Siehst Du uns auch?« Etwas Ähnliches muss Rilke, der ab 1902 oft Zeit in Auguste Rodins Atelier verbracht hat, widerfahren sein. Er drückt diese Umkehrung des Blicks in dem Satz aus: »[…] denn da ist keine Stelle, die dich nicht sieht.« Wobei die Umkehrung des Blicks in einen Aufruf zur inneren Umkehr übergeht: »Du mußt dein Leben ändern.«[80] Die Umkehr von – lediglich – Raum zu Zeit.

Vom Bildenden zum Musikalischen oder vom Raum zur Zeit

Zu Beginn des 20. Jahrhunderts erweiterten einige Künstler den Begriff von Kunst radikal, indem sie dem Prozesshaften ausdrücklich einen Platz in ihr zuwiesen. Zurecht kann man hier von einer Wende sprechen. Auch Rudolf Steiner hat eine Sichtweise auf die Kunst entwickelt, in der er den unterschiedlichen Formen künstlerischer Aktivität attestiert, nicht länger ausschließlich raumgebunden zu sein, sondern sich zukünftig verstärkt im Element der Zeit zu entwickeln – ein Schritt vom »Plastischen« hin zum »Musikalischen«.

Joseph Beuys ist wahrscheinlich der bekannteste Vertreter dieser Entwicklung, dieser Anschauung von Kunst, die keine menschliche Aktivität ausschließt. Vorbedingung dafür ist, dass ein bewusst geführter Verlauf durch die Zeit stattfinden kann und dass dieser Verlauf einsichtig bleibt. Kein Abwickeln eines Programmes, keine Anwendung einer vorgeschriebenen Abfolge – auf die dieser Ansatz öfters reduziert wird –, sondern ein mit Geistesgegenwart im Zeitstrom mitbewegtes Vollziehen einer Verwirklichung. Etwas – oder jemand – will in der Wirklichkeit Gestalt annehmen, will sich manifestieren. Künstler ist jeder, der sich in den Dienst dieses Verwirklichungsprozesses stellt.

Das Sprechen über Schöpfung als Prozess verweist unmittelbar auf diesen unverzichtbaren Bestandteil: die Zeit. Schöpfen heißt, einen Bund mit der Zeit zu schließen. Nicht mit der messbaren, sondern mit der lebendigen Zeit. Dazu muss man in sich dem Leben auf die Spur kommen, die Lebensquelle in sich erwecken. Auch das geschieht in der Regel nicht nur einmal, sondern immer wieder. Mit anderen Worten: In diesem Moment wird ersichtlich, warum ein Schöpfungsprozess zu einem lebenslangen Üben wird. Prozess und Üben sind eins.

Schöpfung kann wohl am besten als eine Tat in Bewegung begriffen werden. Als eine Tat, die sich durch die Zeit hindurch entfaltet und bewegt – im Dienste des noch nicht Gekannten, des Neuen. Gerade das macht sie zu einem transparenten Geschehen. Nicht als eine Tat, die sich in einem einmaligen Akt in die Welt hineinstellt, um dann vollständig mit ihr zusammenzufallen. Schöpfung ist keine Machtausübung! Als schöpferischer

Mensch setzen wir vielmehr einen Entstehungsprozess in Gang. Wir initiieren ihn aus uns heraus. Wir sind Ursprung der Bewegung und auch derjenige, der mitbewegt. Von diesem Augenblick an sind wir nicht nur mit dem Prozess verbunden, sondern wir sind in den Strom des Prozesses eingetaucht. Gleichzeitig gestalten wir in diesen Verdichtungsprozess hinein. Wir sind wach involviert, doch ohne Vorbehalt. Wir bestimmen nicht, schreiben nicht vor. Wir entwerfen, bieten an. Kunst als ein schöpferischer Prozess entzaubert. Es geht um Offenbarungsmomente, in denen etwas oder jemand aus dem Zustand der Verborgenheit befreit wird und in Erscheinung treten kann.

Aus den Grundzügen dessen, was der Schöpfungsprozess beinhaltet, wird ersichtlich, dass er sich nicht auf den engen Bereich der Kunst beschränken lässt. Er zieht sich durch alle Lebensbereiche hindurch – wie eine Art freudvolles Versprechen der unbeschränkten Möglichkeiten zur Entzauberung der Dinge, die in all diesen Bereichen enthalten sind.

Zeuge werden

In einer Vorlesung an der Universität von Kalifornien im Jahr 1914 fasste Arnold Schönberg (1874–1951) das Thema des schöpferischen Prozesses wie folgt in Worte:

> *Um die wahre Natur der Schöpfung zu verstehen, muss man wissen, dass es kein Licht gab, bevor Gott sprach: Es werde Licht! Und weil es noch kein Licht gab, umfasste Gottes Allwissenheit eine Vision, die nur seine Allmacht hervorrufen konnte.*

Wir armen Menschen, wenn wir auf einen der klügeren Köpfe unter uns als Schöpfer hinweisen, dann sollten wir nie vergessen, was ein Schöpfer in Wirklichkeit ist. Ein Schöpfer hat eine Vision von etwas, das vor dieser Vision noch nicht existiert hat. Und der Schöpfer hat die Kraft, diese Vision zum Leben zu erwecken, die Kraft, sie zu verwirklichen.[81]

Vision ist in diesem Kontext nicht dasselbe wie Sichtweise. Eine Sichtweise kann man haben und entwickeln. Hier geht es aber um ein inneres Ereignis. Nicht um etwas, das man hat, sondern um etwas, das man in sich trägt – nämlich das, was man letztendlich lebt und wird: eine brennende Frage. Die Vision Gottes, so wie von Schönberg dargestellt, ist schon *vor* der Schöpfung da. Sie entsteht nicht erst während der Schöpfung oder im Rückblick auf diese.

Was Künstler und Zeuge miteinander verbindet, ist die Potenz einer Vision. Beim Künstler ist die Vision vor der Schöpfung da, bei einem Zeugen erst nach der Schöpfung. Denn Zeuge wird man dadurch, dass man das Erschaffene, dasjenige was schon gestaltet worden ist, so in sich aufnimmt, dass daraus eine Neuschöpfung möglich wird. Künstler wird man auf dem Weg vom Werdenden zum Gewordenen. Kunst macht die Potenz des Menschwerdens sichtbar, indem diese lebendige Potenz im Laufe des Prozesses Gestalt annimmt. Sie hat sich in der Gestaltung ganz ausgegossen. Es entstehen neue Gestaltungen. Zeuge wird man auf dem Weg vom Gewordenen zum Werdenden. Zeugnis ablegen fängt da an, wo aus dem bereits Gestalteten wieder die Potenz frei wird und erneut Form annehmen kann. Es entstehen neue Möglichkeiten.

Maria Helena Vieira da Silva, *Villa des Camélias,* 1932,
Musée des Beaux-Arts de Dijon

Selbstverständlich können Künstler und Zeuge sich in einem Menschen und seiner Biografie begegnen oder in eine Wechselbeziehung zueinander geraten. Ein Künstler kann auf seinem Weg zum Zeuge seiner Zeit werden. Und umgekehrt.

Das Rätsel der Räumlichkeit

Maria Helena Vieira da Silva (1908–1992), deren Dasein als Malerin sich zwischen Lissabon, Brasilien und Paris abspielte, hatte sich als Künstlerin vorgenommen, mittels ihrer Arbeit den innersten Kern der Räumlichkeit zu untersuchen. Diese Aufgabe stand als brennende Frage im Zentrum ihres Lebens. Ihre Existenz als Künstlerin betrachtete sie als eine ununterbrochene Forschung, in deren Mittelpunkt eine Frage stand, deren Kraft nie nachließ.

Wie unterschiedlich ihre Stilmittel auch sein mögen, es gibt ein durchgängiges Thema in ihrer Grafik und ihren Gemälden: den Raum als Begrenzung. Immer wieder Zimmer, unterirdische Räume, Tunnel, dreidimensional konstruiert und oft ohne Fenster oder Ausgang. Ab und zu leer, aber meistens mit Menschen, die offenbar darin eingeschlossen sind. Schließt der dreidimensionale Raum den Menschen ein wie in eine Schachtel oder einen Schrank? Oder gibt es noch andere Erscheinungsformen von Räumlichkeit?

Ihr ganzes Œuvre ist laut da Silva die Geschichte, wie sie dieser Frage Form hat verleihen können, eine Frage, die sie als junge Frau, als sie noch Klavier studierte, bereits in sich trug. Und die, wie sie es selbst beschreibt, in ihr brannte. Das Besondere dabei ist, dass ihr Werk auch sichtbar macht, wie sich diese Frage in ihrem Inneren in mehreren Phasen wandelt. Ihre Gemälde und Zeichnungen sind sozusagen Zeitgestalten ihrer Forschung und markieren deren Etappen. Eine einzige Form reicht nicht aus, um eine brennende Frage zum Ausdruck zu bringen! Es geht um das Leben, das von Form zu Form immer präziser und wahrhaftiger in die Sichtbarkeit treten kann, ohne die Form zu verletzen. Aber auch umgekehrt, ohne dass die Form das Leben zurückdrängt, es daran hindert, sich durch die Form hindurch zu manifestieren. Dieses momentane und fragile Gleichgewicht zwischen Leben und Form, das, sobald es hergestellt ist, auf dem Weg zum nächsten Moment des

Gleichgewichts notwendigerweise wieder aufgehoben werden muss, ist Transparenz. Transparenz ist ein Vorgang, wobei das Verlangen, das am Ursprung der Manifestation der Form liegt, sich noch bis in die Manifestation hinein zu äußern vermag.

Das Leben strahlt durch die Form hindurch. Dadurch wird die Schönheit eines Kunstwerks zu einer reinen Angelegenheit des Wechselwirkungsprozesses und erweitert somit den Bereich des rein Ästhetischen. Die Begrenzung, die das Formprinzip dem Leben immer wieder auferlegt, bringt Schönheit hervor. Deshalb liegt nicht im letztendlichen Ergebnis, sondern in jedem Schritt, der zu einem bestimmten Punkt geführt hat, Schönheit verborgen. Nicht Schönheit als ästhetische Vollendung, sondern Schönheit, die darin besteht, dass trotz der Begrenzung und Bestimmtheit des Formprinzips, das unendlich Lebendige des Verlangens sichtbar wird – mit der Bedingung, dass nicht das Formprinzip alles beherrscht. Der Forschungsprozess von Vieira da Silva, die Verwandlung der Frage von Zeitgestalt zu Zeitgestalt, hält diese Möglichkeit offen.

An vielen Arbeiten, die entstanden, als sie nach dem Zweiten Weltkrieg den Faden ihrer künstlerischen Forschung wieder aufnahm, lässt sich das gut ablesen. Immer prägnanter zieht sich die Dreidimensionalität aus den Bildräumen zurück. Aus den *Shoeboxes*, in die kein Licht hereinkommt und in denen – wie in einem Kerker Piranesis – die hilflosen Figuren vergebens einen Ausweg suchen, werden flache Labyrinthbilder. Gegen Ende des Lebens der Künstlerin entstehen Öffnungen in dem wirren Geflecht und letztendlich vermag das Licht hereinzutreten. Einige Stunden vor ihrem Tod malte sie noch vier kleine Bilder. Sie zeigen alle geöffnete Räumlichkeiten, vom Licht durchstrahlt. Es ist ihr eine Vision aufgegangen: »Raum ist Licht!« Die Künstlerin Vieira da Silva ist zur Zeugin ihrer Zeit geworden.

Maria Helena Vieira da Silva, *Ariane,* 1988,
Privatsammlung Frankreich/Portugal

Eine Vision in Norenskaya

1964 wurde Joseph Brodsky (1940–1996) wegen »sozialen Parasitentums« zu fünf Jahren Zwangsarbeit verurteilt, eine Anklage, die ihn zu einer Person degradierte, die weniger war als niemand. Während des Gerichtsverfahrens hatte Brodsky auf die Frage, welchen Beruf er ausübe, einfach gesagt: »Dichter«. Diese Antwort war ein Akt des Widerstands – genauer: des politischen Widerstands – und wurde auch als solcher verstanden. Es war sein Widerstand gegen die Entmenschlichung der Gesellschaft unter dem sowjetischen Regime. Er war 24 Jahren alt und tatsächlich ein Dichter.

Brodsky hatte ein verlassenes Häuschen – es war nicht einmal 15 Quadratmeter groß – am Rande des kleinen Dorfes in der Gegend von Archangelsk gefunden, wo er sein erzwungenes Exil verbrachte. Es gab weder Gas noch Elektrizität. Und keine Freiheit. Tagsüber arbeitete er auf dem vom Staat betreuten Danilowsky-Hof. Ständig wurde er überwacht und kontrolliert. Das Gefühl von Luxus, ein eigenes Zimmer zu haben – als Kind hatte er zusammen mit seinen Eltern in einer geteilten Wohnung, einem Anderthalb-Zimmer-Appartement, gelebt – war rasch verflogen. Und die wenigen Besucher, die nach Norenskaya kommen durften, ließen ihn enttäuscht und frustriert zurück. Die Fragen, die in ihm lebten und brannten, ließen ihm keine Ruhe.

Brodsky wusste, dass er unschuldig war. Er war kein Verbrecher. Aber er konnte ein gewisses Gefühl von Schuld und Ohnmacht nicht loswerden. Und er zweifelte an seinem Vermögen, der Sprache des Dichters Recht widerfahren zu lassen. Denn nur die Dichter waren imstande, die Sprache immer wieder zu retten, immer wieder zurück ins Leben zu rufen, in nie aufhörenden Versuchen, sie zu reanimieren. Trotz seiner verzweifelten Bemühungen war die Seele der Sprache jeden Moment dabei, in den schlammigen Spuren unerlöster Worte zu versinken. Eingesperrt und abgeschnitten von allem, was in der Welt vor sich ging, besonders von seinem geliebten Petersburg, hörte er Tag und Nacht die Klage der Sprache, die zur Kommunikation und Propaganda missbraucht wurde. An einem späten Nachmittag im Herbst 1965 saß er neben der winzigen Fensterluke seiner Hütte und schaute auf die schmutzige Landstraße hinaus. Die einzigen Lebewesen draußen waren einige Hühner. Ein Buch fiel herunter. Es öffnete sich genau an der Stelle, wo ein Gedicht von W.H. Auden abgedruckt war: *In Memory of W.B. Yeats.* Nur zweimal vier Versreihen gab es da:

Time that is intolerant
Of the brave and innocent
And indifferent in a week
To a beautiful physique,

Worships language and forgives
Every one by whom it lives;
Pardons cowardice, conceit,
Lays its honours at their feet.[82]

»Die Zeit [...]/Verehrt die Sprache und verzeiht/Einem jeden, dank dem sie lebt [...].« Er las und wusste nicht, wie ihm geschah. Später fragte er sich, ob er vielleicht im Halbdunkel etwas gelesen haben könnte, was da gar nicht stand. Oder ob seine unzureichenden Englischkenntnisse mit im Spiel waren. Denn Auden hatte diese Verse aus seinem Gedicht wieder herausgenommen. Aber auf Brodsky wirkten sie in diesem »heiligen« Augenblick der Offenbarung wie eine Vision. Was immer er auch verfehlt oder versäumt hatte, es war ihm bereits verziehen. Schon deshalb, weil in ihm die Intention lebte, sich der Sprache zuzuwenden, sich um sie zu kümmern. Von da an begann er, seine eigene Sprache zu finden: die Sprache der Dichter, die Auferweckung bedeutet. Angefangen als Zeuge seiner Zeit, wurde er zum Künstler.

Wie begegnen sich der Zeuge und der Künstler in einem jeden Menschen? Was verbindet etwa die Malerin Maria Helena Vieira da Silva und den Dichter Joseph Brodsky (vgl. S. 146–149 und 150 f.) trotz ihrer gegensätzlichen Ausgangspunkte? Vieira da Silva begann ihr Leben als Künstlerin und lebte ihre brennende Frage immer bewusster, bis sie ins Exil nach Brasilien gezwungen wurde. Brodsky hingegen wandte sich als junger Mensch zunächst gegen die Umstände seiner Zeit und gelangte erst in der Verbannung zu seiner Frage und zu sich selbst. Was beide in ihren unterschiedlichen Wegen verbindet, sind die durchschrittenen Momente der Ohnmacht. Egal, ob sie als Künstler oder als Zeuge begannen: In beiden Fällen wurde der Ausweg zum Einweg.

Es gibt aber noch andere Aspekte. Wer sich als Zeitgenosse seiner Zeit öffnet und zum Zeuge wird, hat nicht nur die Ohnmacht als ein Unerträgliches angenommen, sondern zugleich seine Verletzlichkeit offenbart. Er war am Ort seiner Wunde – der ersten, primordialen Wunde des Menschwerdens und aller anderen, die sich im Leben zu dieser hinzugesellt haben. Weder Brodsky noch Vieira da Silva haben aus diesen Erfahrungen ein eigenes Thema gemacht. Sie haben die Wunde als solche nicht thematisiert. Aber ihr Leben als Mensch steht im Zeichen dieser Wunde. Es hat ihr Menschwerden gefördert.

Wunde und Transparenz

Wer Zeuge wird, kann von der Wunde Zeugnis ablegen, ohne dass er notwendigerweise auf sie hinweisen muss. Die Wunde aber erscheint durch die Art und Weise, in der er bezeugt. Es geht um eine innere Gebärde, die in der Sprache mitschwingen kann. Am meisten dann, wenn die Worte versagen. Es wird nicht über die Wunde gesprochen, sondern sie scheint durch das Ungesagte hindurch. Sie braucht dieses Ungesagte sogar, um erscheinen zu können.

Das Ungesagte ermöglicht Transparenz. Das klingt auch in Joseph Beuys' bekannter Installation *Zeige deine Wunde* (1976) an. Seine Wunde zu zeigen bedeutet nicht, *auf* die Wunde zu zeigen. Es sei denn, sie würde gerade dadurch sichtbar, dass man *nicht* auf sie zeigt. Selbstverständlich geht es in diesem Fall um eine sehr bewusste Übung. Eine Tat. Eine Übung, die in der sogenannten negativen Theologie eine lange Vorgeschichte hat. Schon der Areopagit war im frühen 6. Jahrhundert der Meinung, dass man nicht von und schon gar nicht über Gott sprechen könne. Denn Gott sei über jedes Wort erhaben. Gott könne man sich nur annähern, indem man jedes Wort, das über Gott zu sagen sei, in sich hineinschweige. Nicht, weil man es nicht aussprechen könne, sondern weil jedes Aussprechen eine Verschleierung des Ungesagten wäre. Ein Schweigen höher als jedes Sprechen.[83]

Das Ungesagte ist aber nicht identisch mit dem Nichtgesagten. Das Ungesagte ist das, was zwar gesagt werden kann, was man sogar gerne sagen würde, was man aber aus freiem Entschluss so in sich hineinnimmt, dass es von innen heraus wirksam werden kann. Das Nichtgesagte ist ein Verschweigen, ein Verdecken und oftmals ein Verheimlichen, kein freiwilliges Schweigen. Es verfestigt sich zu etwas, kapselt sich ab und kann aus sich heraus nicht wirksam werden.

> *In sich schweigen bedeutet, dass man dasjenige, was nach außen gebracht worden ist, in sich selbst nach innen bringt und sich bemüht, es in sein eigenes Wesen aufzunehmen. Um es in sein eigenes Wesen aufnehmen zu können, muss man zuerst sich selbst – und dies ist ein paulinischer Ausdruck – entäußern. Man muss sich leermachen von allem, was noch an einem haftet [...] man bringt in sich selbst alles zum Schweigen, zur Ruhe, zur Stille, was man dem aus seinem eigenen Schema, seinen Standpunkten, Ideen, Wahrnehmungen und Kommentaren zufügen möchte.*[84]

Es geht um die Reduktion der Worte auf diejenigen, welche die höchste Wirksamkeit entfalten, wodurch eine Aussage eine Dichte bekommt, die mit einer hermetischen Denkweise gleichgesetzt werden kann. Das Hermetische hört auf hermetisch zu sein, sobald man die eigenen Aussagen zurückhält, sobald man schweigt. Auch Joseph Beuys hat sich auf das am stärksten wesenhaft In-sich-Zusammengezogene beschränkt, auf die Substanz, damit sich dank des Nichtgezeigten, eine Wirksamkeit entfalten kann. Was gezeigt wird, will nur den Blick auf das Nichtgezeigte lenken.

In jeder Begegnung spielt die Spannung zwischen dem Gesagten und dem Ungesagten eine wichtige Rolle, ebenso die zwischen dem Nichtgesagten und dem Ungesagten. Sich in dieser Spannung aufhalten zu können, hat mit der Würdigung eines Menschen zu tun. Es geht darum, einen Raum zu öffnen, in dem die Wunde des Mitmenschen sich als das Ungesagte zeigen kann, ohne dass über das Ungesagte weitere Aussagen erwartet werden. Eine Spannung, die von jedem Einzelnen ertragen werden muss, damit die Würdigung der Wunde sich vollziehen kann.

Hand in Hand mit der Sprache

Als Mensch, Künstler und Dichter hat Paul Celan (1920–1970) die Wunde gewürdigt. Die eigene Wunde, die seiner Mitmenschen und die seiner Zeit. Er ist Zeitgenosse und Zeuge in einem, wobei das Gedicht als »solidarisch« mit der Verletzlichkeit des Menschen verstanden werden kann: »Das Gedicht, so fragil es sein mag, es ist, was es heute kaum mehr gibt: es ist solidarisch. Es steht zu dir.«[85]

In dem 2015 erschienenen Dokumentarfilm *Paul Celan – Dichter ist, wer menschlich spricht* von Ullrich H. Kasten und Hans-Dieter Schütt heißt es:

> *Ein Gedanke schmerzlich wirft sich herüber*
> *nur was geschunden wurde, sagt wahr*
> *und nur was Wunde ist, nimmt wahr.*[86]

Im Gespräch mit Bernard Badiou weist Eric Celan, der Sohn von Paul Celan und Gisèle Lestrange, immer wieder auf die Würdigung der Wunde und des Schmerzes in Celans Schriften und Aussagen hin. Es ist die Sprache, die diese Würdigung vollzieht und zwar so, dass sie sich als Aussage immer deutlicher zurücknimmt. Sie wird zur *Ein*sage, zu einem Sprechen, das in einer sich stetig in sich zusammenziehenden Gebärde zu seinem Ursprungswort des Übersprachlichen, des Schweigens, zurückgeführt wird. Der Dichter bringt es nicht mehr über die Lippen:

> *Das nicht mehr zu Nennende, heiß*
> *hörbar im Mund.*[87]
>
> *Lippe wußte, Lippe weiß.*
> *Lippe schweigt es zu Ende.*[88]
>
> Oder auch:
> *ein Wort, das mich mied,*
> *als die Lippe mir blutet' vor Sprache.*[89]

Die Sprache ist ihm alles andere als Kommunikation. Oft wird Paul Celan als »Dichter nach Auschwitz« dargestellt. Ein solches Attribut aber verstellt den Blick auf das, was aus seiner Dichtkunst als wesentliche Forschung hervorgeht. Die Frage Adornos, ob man nach Auschwitz noch Gedichte schreiben könne[90], hat sehr zu einer Art Unbehagen, ja zu einem Krampf des lyrischen Wortes beigetragen. Verstummen kann nicht die Antwort auf Auschwitz sein. Die vielen unverkennbaren und oft unerträglichen Anspielungen auf die Umstände in den Lagern – Auschwitz als das Unsagbare schlechthin – sind ein Topos in Celans Dichtkunst. Aber manchmal so, dass er sich daran abstoßen kann, um die Grenzgebiete der Sprache zu durchqueren. Wie auf einer Gratwanderung. Denn es ist klar, dass Celan die Grenzen der Sprache aufsucht und immer wieder abtastet. Aber nicht die Grenze als dasjenige, was die Sprache *be-grenzt,* sondern als den Ort, wo die Sprache erst *ent-grenzt* werden kann. Wo das Sagbare in ein bewusst nachgestelltes

Ungesagtes übergeht, sich bewusst verdichtend zurücknehmend, bis sie über das Unsagbare hinaus hörbar wird. Es geht ihm darum, dieser Ohnmacht der Sprache eine neue Wirklichkeit zu schaffen – und da mitzutragen, wo Wort und Wirklichkeit auseinanderklaffen. Die Sprache geht gleichsam durch eine Engführung und er, ihr Dichter und Verdichter, mit ihr.

> *Erreichbar, nah und unverloren blieb inmitten der Verluste dies eine: die Sprache. Sie, die Sprache, blieb unverloren, ja, trotz allem. Aber sie musste nun hindurchgehen durch ihre eigenen Antwortlosigkeiten, hindurchgehen durch furchtbares Verstummen, hindurchgehen durch die tausend Finsternisse todbringender Rede. Sie ging hindurch und gab keine Worte her für das, was geschah; aber sie ging durch dieses Geschehen.*[91]

Was in diesen Worten Celans zum Ausdruck kommt, ist die Wunde der Sprache, in diesem Fall die Wunde der von ihm so geliebten und verehrten deutschen Sprache, die letztendlich die Wunde der Sprache als Logos ist. In einer vielsprachigen Welt aufgewachsen, hat er sehr früh schon unter den verschiedenen Möglichkeiten, die ihm zur Verfügung standen, die deutsche Sprache gewählt. Sie ist zugleich seine Muttersprache und eine Sprache, die er ausgesucht hat. Im Grunde hat Celan die Sprache als übergreifenden Logos gewählt, als die reine Möglichkeit zum Sprechen. Und er musste zusehen, wie sie in all ihren Gliedern tödlich verwundet wurde. Die Zeichen, die Symptome dieser Verwundung werden von Celan als ein »Ergrauen« gedeutet. Die Sprache kann nicht mehr so sprechen, wie es von ihr erwartet wird:

Düsterstes im Gedächtnis, Fragwürdigstes um sich her, kann sie, bei aller Vergegenwärtigung der Tradition, in der sie steht, nicht mehr die Sprache sprechen, die manches geneigte Ohr immer noch von ihr zu erwarten scheint. Ihre Sprache ist nüchterner, faktischer geworden, sie mißtraut dem »Schönen«, sie versucht, wahr zu sein. Es ist also [...] eine »grauere« Sprache, eine Sprache, die unter anderem auch ihre »Musikalität« an einem Ort angesiedelt wissen will, wo sie nichts mehr mit jenem »Wohlklang« gemein hat, der noch mit und neben dem Furchtbarsten mehr oder minder unbekümmert einhertönte. Dieser Sprache geht es, bei aller unabdingbaren Vielstelligkeit des Ausdrucks, um Präzision. Sie verklärt nicht, »poetisiert« nicht, sie nennt und setzt, sie versucht, den Bereich des Gegebenen und des Möglichen auszumessen.[92]

Die Engführung, in die die Sprache gebracht worden ist, wird Celan zum zentralen Thema seiner Poetik. Nicht *über* diese Engführung schreibt er, seine »Dichtung-Verdichtung« als Prozess geht vielmehr in diese Engführung hinein. Als ginge er Hand in Hand mit der Sprache, als hielten beide bei jedem Wort an und fragten sich: Sprechen wir es aus oder schweigen wir es in uns hinein? Schweigen, als Möglichkeit, über das Ausgesagte hinaus, das Ungesagte hörbar zu machen. Die Bilder, die diese Engführung begleiten, sind wie Wegmarken dieser Engführung. Man darf sie aber nicht bloß als einen Inhalt verstehen, als dasjenige, worüber das Gedicht jetzt spricht. Eher sind es Haltestellen, wo entweder das Ausgesagte oder das Ungesagte – jedes nach seiner Art – anklingen kann. Es geht letztendlich darum, Zeuge der Wunde und der Folgen ihrer Verwundungen zu werden und um die Unmöglichkeit, über das »Unbezeugbare« hinauszukommen, ohne dass ein Wort erneut eine Wunde schlägt. Nur im Schatten, im Schweigen, kann der Zeuge sich aufhalten. Aber dieses Stehen im Schatten ist selbst ein Zeugnis.[93]

STEHEN, im Schatten
Des Wundenmals in der Luft.

Für-niemand-und-nichts-Stehn.
Unerkannt,
für dich
allein.

Mit allem, was darin Raum hat,
auch ohne
Sprache.[94]

Im freiwilligen Exil, inmitten einer ruhelosen Existenz, ständig unterwegs in der Sprache, ihre und die eigene Wunde erlauschend, wurde Paul Celan Zeuge des Unsagbaren und des Ungesagten, wurde Zeitgenosse.

Die Zeit verwandeln

Am 20. Oktober 1982 fand beim IV. Moskauer Herbst im Kleinen Saal des Konservatoriums die Premiere der *Sieben Worte Jesu am Kreuz* statt, einer Sonate für Cello, Bajan und Streichorchester. Die Komponistin Sofia Gubaidulina (*1931) trat »in ihrem eigenen Land aus dem Schattendasein in das volle

Rampenlicht der Öffentlichkeit.«[95] Diese Öffentlichkeit hatte ihren Preis. Die Komposition wurde wegen des religiösen Titels umbenannt in *Sonate für Cello, Bajan und Streichorchester.*

Gubaidulina, Tochter eines Tataren und einer Russin, wurde 1931 in Tschistopol in der heutigen Republik Tatarstan geboren und verbrachte ihre Kindheit und Jugend in der Hauptstadt Kasan, wo sie am Konservatorium Klavier und Komposition studierte. Ihr Großvater väterlicherseits war ein hochangesehener Imam, »intelligent, weltoffen und lebensklug, und gleichzeitig tief religiös.«[96] Ihr Vater war Sowjetingenieur für Bodentechnik. Mit diesem Sprung von einer Generation zur nächsten ist bereits die Signatur einer ganzen Epoche dargestellt.

Sehr früh schon war sich Gubaidulina dieser Signatur in ihrer die ganze Welt umspannenden Tragweite bewusst. Über ihr Geburtsjahr heißt es in der Biografie von Michael Kurtz: »Im Mai 1931 wird in New York mit großem Pomp das Empire State Building als höchstes Gebäude der Welt eingeweiht. Im November sprengen die Kommunisten die größte Moskauer Kirche, die […] Erlöserkirche. An ihrer Stelle sollte ein monumentaler Revolutionspalast entstehen, der aber nie gebaut wurde.«[97] Und in Bezug auf sie selbst: »Obwohl sich verschiedene Kulturen in mir vereinigt haben, ist mir als Komponistin immer das allgemein Menschliche Hauptanliegen gewesen.«[98]

Schon mit acht Jahren begann Sofia zu komponieren, nach ihrem Abschluss in Kasan setzte sie dank eines »Stalin-Stipendiums« ihre Studien bis 1963 in Moskau fort. Zwar kam der Prüfungsausschuss bei ihrem Examen zu dem Ergebnis, sie sei auf dem »falschen Weg«, doch ihr Mentor Dmitri Schostakowitsch, der ebenfalls Kommissionsmitglied war, ermutigte sie, ihren Weg fortzusetzen. Nie machte sie ein Geheimnis aus ihrer religiösen Überzeugung – sie hatte sich 1970 russisch-orthodox taufen lassen –, obwohl ihr von offizieller Seite auf jede nur erdenkliche Art und Weise Steine in den Weg gelegt wurden. In den 1960er- und 1970er-Jahren war ihre Musik in der Sowjetunion verboten. Der Durchbruch im Westen gelang ihr unter anderem dank des Geigers Gidon Kremer, der das *Offertorium,* ihr erstes, 1980 komponiertes Violinkonzert, in Wien uraufführte. Seitdem zählt Sofia Gubaidulina zu den renommiertesten russischen Komponisten der Zeit nach Schostakowitsch.

Der Resonanzraum aber, in dem sie schaffend ihren Weg geht, dehnt sich weit über ihre persönlichen Lebensverhältnisse hinaus aus. Sie hört den Klang ihrer Zeit. Und bezeugt diesen Klang. Ein Klang, der ihr von der Wunde spricht, der Wunde des Allgemein-Menschlichen in jedem Einzelnen, auch in ihr. Sie hat sich dieser Wunde angenommen und ihr Schaffen ist ein einziger Hymnus auf sie. In ihrer Musik sucht sie nach einem neuen Verhältnis zur Zeit, ein Zeiterleben wie eine Suche »nach einer geistigen Welt, die vom alltäglichen Zeiterleben abgekoppelt ist.«[99] Form heißt für Gubaidulina geronnener Geist. Eine göttlich-immaterielle Kraft, die den Stoff durchdringt und das musikalische Material formt. Das Entstehen der Form ist für Gubaidulina kein intellektueller oder mit Bausteinen operierender Vorgang, sondern ein schöpferischer, organisch-lebendiger Prozess.[100]

Komposition und Aufführung ihres Werkes hat Gubaidulina als die beiden Pole der »Verwandlung der Zeit« gedeutet. Bei jeder Aufführung und bei jedem Erlauschen geht der Prozess der Zeitverwandlung weiter. Gubaidulina unterscheidet dabei zwischen einer horizontalen und einer vertikalen Zeit. In seiner Biografie über die Komponistin erläutert Michael Kurtz:

> *Die vertikale Zeit, gelegentlich auch essentielle, sakrale oder ›Zeit außerhalb der Zeit‹ genannt, ist Metapher für eine tiefe Schicht des inneren Seelenraums, den Gubaidulina den Bereich des Ewigen, des Göttlichen im Menschen nennt. Die horizontale oder astronomische Zeit ist die messbare, im Takt fortschreitende Uhrzeit und kann bei ihr gleichzeitig Bild der irdisch-stofflichen Existenz sein.*[101]

Wie Gubaidulina mit der »vertikalen« und der »horizontalen Zeit« in den *Sieben Worten Jesu am Kreuz* kompositorisch umgeht, beschreibt Michael Kurtz wie folgt:

> *Das Kreuz schließlich ist Ausdruck ihres musikalischen Credos, der ›Verwandlung der Zeit‹, und spricht im Bild von der Durchdringung dieser beiden Elemente. In der Stille ihres ›Seeleninnenraumes‹ entsteht in vertikaler Gleichzeitigkeit eine vielschichtige Werkidee – in der ›vertikalen‹, der ewigen Zeit. Diese wird in einem mühsamen Kreuzungsprozess in die ›horizontale Zeit‹ verwandelt, das heißt strukturiert und zur aufführbaren Partitur ausgearbeitet. In der Aufführung schließlich, wenn die Chiffren der Partitur zu neuem Leben erweckt werden, ist die ›vertikale Zeit‹ wiederhergestellt.*[102]

Die *Sieben Worte Jesu am Kreuz,* die häufig zum Gipfel im Schaffen von Sofia Gubaidulina gerechnet werden, sind auch

Sofia Gubaidulina, *Sieben Worte*, 1982,
das Notenbild gestaltet sich zum Kreuz

Menschheitsworte. Das heißt: Worte eines jeden Menschen. Gubaidulina hat mehrfach betont, dass es ihr in der Komposition keineswegs um eine Illustration der Evangelientexte geht. Die Musik selbst wird gekreuzigt, indem zum Beispiel »die langgezogenen Töne des Cellos« durch die »Glissandi der benachbarten Saiten gekreuzt werden« (s. S. 163).

Wo die beiden Dimensionen der Zeit sich treffen, entsteht das Kreuz, das die Künstlerin im Zeichen der Verwandlung der Zeit öfters musikalisch dargestellt hat. Das Kreuz als Urbild des Menschen schlechthin, an dem er die Wunde seiner sich nie vollendenden Menschwerdung erleidet. Aber wo er zugleich das Wunder einer sich verwandelnden Zeit erlebt – wie ein Oktavensprung in eine Dimension der Heilung, wo die Wunde, wie Novalis sagt, »ewig heiter, offen« steht.[103]

> Ich denke da zum Beispiel an die langgezogenen Töne des Cellos, die durch Glissandi der benachbarten Saiten gekreuzt werden. Beim Bajan wird diese Kreuzung mit dem Orchester durch Druck auf benachbarte Tasten erzeugt. Im Streichorchester gibt es die Möglichkeit von Glissando-Kreuzungen vom Unisono zu mehroktavigen Texturen und wieder zurück zum Unisono (die Figur des Kreuzes). Wenn der Cellobogen auf die andere Seite des Stegs geht, ist das wie der Eintritt in eine andere Welt.
>
> Sofia Gubaidulina[104]

Epilog
Das Recht auf Verletzlichkeit

Am 10. Dezember 1948 wurde in Paris die Allgemeine Erklärung der Menschenrechte verkündet, eine rechtlich nicht bindende Resolution der Generalversammlung der Vereinten Nationen. Erklärung heißt unter anderem auch Deklaration. Es ist im Grunde eine »Verkündigung«, der eine Präambel vorangeht und die in 30 Artikel gefasst ist. Diese Artikel sind keine Gesetze. Es sind Rechte; und ihr Charakter ist evolutiv.

Die Menschenrechte sind evolutiven Charakters. Aus ihnen lässt sich Weiteres ableiten. Am 4. November 1950 wurde in Rom daher die Europäische Konvention zum Schutz der Menschenrechte und Grundfreiheiten unterzeichnet. Sie trat am 3. September 1953 in Kraft. Es war die Notwendigkeit entstanden, einige der Menschenrechte gesetzlich verbindlich zu machen, darunter teilweise das Recht auf Leben (Ausnahmen stellten eine Kriegssituation und die Todesstrafe dar), das Recht auf ein ehrliches Gerichtsverfahren sowie ein Verbot der Sklaverei.

Der erste Artikel der Allgemeinen Erklärung der Menschenrechte beginnt mit einem ganz besonderen, allerersten Wort, das Auswirkungen auf alles Folgende hat. Es handelt sich um das Wort »Alle«.

Alle Menschen sind frei und gleich an Würde und Rechten geboren. Sie sind mit Vernunft und Gewissen begabt und sollen einander im Geist der Brüderlichkeit begegnen.[105]

Der Text hätte zum Beispiel auch so anfangen können: »Menschen sind frei und gleich an Würde und Rechten geboren«. Oder auch: »Jeder Mensch ist frei und gleich an Würde und Rechten geboren.« Dieses »Alle« aber verleiht den 30 Artikeln etwas Unwiderrufliches und Unumgängliches. Es hat die Aussagekraft einer Evidenz und die Tragkraft eines Grundsteins. In diesem »Alle« hat sich die Würde eines jeden Menschen so in ihrer Potenz zusammengezogen, dass alles, was möglich ist, als reine Potenz schon ausgesagt worden ist.

Zugleich wird ein Raum eröffnet, in dem die übrigen Artikel und ihre Ableitungen sich entfalten können. Sie verweben sich kontinuierlich zu einem lebendigen Bereich, den man ein Evidenzgewebe nennen könnte. Doch sagt dieses »Alle« nicht nur aus, was mit Menschsein und Menschwerden gemeint ist, sondern auch, was ihn prinzipiell, *ab principio*, also seinem Wesen nach, verletzlich macht.

Selbstverständlich schreiben sich all diese Erklärungen in das lebendige Gewebe des Rechtslebens ein. Aber »Alle« verleiht jeder Erklärung zugleich auch den Status einer Intuition. Dadurch sind sie weder mit einem Gesetz noch mit einer Verordnung gleichzusetzen. Sie sind nicht »anwendbar«. Ganz ähnlich, wie es bei einer Intuition der Fall ist, können sie nur gelebt worden. Oder eben nicht.

»Alle« verbürgt also die prinzipielle Gleichheit aller Menschen. Genau da erscheint das Wesenhafte dieser Intuition.

Wenn es um Gleichheit geht, ist es ausgeschlossen, dass es ein mehr oder ein weniger Gleiches geben könnte oder dass es Vorbedingungen für diese Gleichheit gäbe. Gleichheit ist an sich kein Recht! Ich kann keinen Anspruch auf Gleichheit im Sinne eines Rechts erheben. Aber aus der Gleichheit können Rechte, Normen, Regeln abgeleitet werden. Anders gesagt: Die Gleichheit geht jeder Normierung im Sinne einer gesetzlichen Ordnung voraus.

Das Wesen der Gleichheit ist – ähnlich wie das Wesen der Freiheit und der Brüderlichkeit – potenzieller Natur, ist reine Potenzialität. »Rein« heißt in diesem Kontext »nicht vorbestimmt«. Es geht um die Möglichkeit dessen, was noch zu bestimmen sein wird, und das bleibt unabhängig von der Bestimmung, die sich als Möglichkeit erst gestalten kann. Würde und Potenz hängen unmittelbar zusammen. Denn die Grundlage der Würde ist diese Potenz, dieses Vermögen, über das jeder Mensch verfügt. Deswegen dieses »Alle«. Die Würde hängt nicht von der Bestimmung ab, die sich aus diesem Vermögen entwickeln lässt. Sie ist schon da, *ehe* ich der Potenz eine Bestimmung gebe.

Genau hier befindet sich der Ort der Verletzlichkeit. Genau hier kann eine Wunde geschlagen werden: Wenn beispielsweise jemand nur aufgrund der Bestimmung, die er seinem Vermögen hat geben können, anerkannt – auch gesetzlich anerkannt – oder gesellschaftlich akzeptiert wird und nicht aufgrund dieses Vermögens selbst. Oder wenn es jemandem nicht gelingt, seiner Potenz eine allgemeingesellschaftlich akzeptierte Bestimmung zu geben und er deswegen abgelehnt oder angeklagt wird. Wir sind verletzlich, weil unsere Menschenwürde rein auf diesem

Vermögen beruht und nicht auf demjenigen, was wir daraus entstehen oder nicht entstehen lassen können.

Um uns dieser primordialen Verletzlichkeit zu entziehen, wenden wir uns manchmal wissend von dem ab, was als Potenz in uns lebt, und schauen nur auf das, was als situative Gegebenheit schon vorhanden ist. Aus Überheblichkeit oder aus Angst verneinen wir die Würde – sowohl unsere eigene als auch die eines jeden Mitmenschen. Wir gehen an dieser Quelle vorbei und stellen uns mit dem zufrieden, was wir vorfinden, was aber nicht unserem Wesen entspricht.

Das aus dem Vermögen Hervorgebrachte, wie wertvoll es auch sein mag, kann nicht von seiner Quelle losgelöst werden. Es kann auch nie das Vermögen als solches ersetzen. Daher das fundamentale Recht, als Mensch aufgrund des Ortes seines Vermögens anerkannt zu werden. Auch wenn es zugleich den Ort unserer Verletzlichkeit beherbergt. Denn die Würde und die Wunde finden einander im Menschen an ein- und demselben Ort.

Giovanni Pico della Mirandola (1463–1494) hat als erster und in bisher unübertroffener Weise diese Sonderstellung des Menschen in der Gesamtheit der kreatürlichen Welt angesprochen. Davon handelt seine Rede *Über die Würde des Menschen*. Eine Rede, die er im Januar 1487 als 23-Jähriger hatte halten wollen. Mit dieser Rede wollte er einen Kongress in Rom einleiten, zu dem Repräsentanten aus allen damals bekannten Religionen oder Weltanschauungen eingeladen worden waren. Er hatte für diesen Kongress 900 nach Themen geordnete Thesen verfasst, wobei jede These aus einem anderen Standpunkt heraus formuliert war. Unmittelbar vor dem Kongress wurde er von den höchsten Instanzen der römisch-katholischen Kirche verboten, da erst die Rechtgläubigkeit der Thesen geprüft werden sollte. Pico wurde der Häresie verdächtigt, musste aus Rom fliehen und fand letztendlich einen sicheren Aufenthalt im Florenz der Medici, nicht ohne zuvor in Frankreich eine Zeitlang eingekerkert worden zu sein. Seine Thesen wurden in einer Bulle durch Papst Innozenz VIII. verurteilt.

An der Wende zur Neuzeit muss dieser Kongress nicht nur als eine Summe aller bisher entwickelten Weltanschauungen verstanden werden, sondern auch als ein erster Beitrag zu einem neu entstehenden Selbstverständnis: Was heißt es, Mensch zu sein, und welchen Platz nimmt er in der Welt ein? Was haben alle Menschen miteinander gemeinsam, und zwar in einer Art und Weise, dass dies als ein grundlegendes Prinzip ihrer Würde betrachtet werden kann?

Dieses Prinzip findet man weder in dem, was ein Mensch in seinem Leben hat verwirklichen können, noch in der Anerkennung dieser Realisierung; eine Anerkennung, die ihm in der Gesellschaft vielleicht einen hohen Rang und Status verliehen hat. Doch im innersten Sinne ist die Würde damit verbunden, dass jeder Mensch über die Möglichkeit verfügt, sich verwirklichen zu können. Die Würde wurzelt in dieser Möglichkeit, die als eine Wesenspotenz verstanden werden muss, und bleibt völlig unabhängig von dem, was der Mensch aus dieser Potenz heraus realisiert. Oder nicht. Die Würde selbst bleibt erhalten.

Nach der Lobpreisung des Menschenwesens als größtes Wunder der Schöpfung geht Pico in seiner Rede auf die Frage ein, womit sich eine solche Aussage begründen ließe: »Ein großes Wunder, Asclepius, ist der Mensch. Da ich über den Sinn dieser Aussprüche nachdachte, befriedigte mich nicht, was alles über die Vorzüglichkeit der menschlichen Natur von vielen angeführt wird.«[106] Letztendlich kommt Pico in seinem Diskurs an den Punkt, wo der Vatergott als Schöpfer und Künstler für den Menschen keinen Platz im Ganzen der Schöpfung vorgesehen hat, ihm keine Bestimmung gegeben hat, dafür aber die Möglichkeit, selbst über sich bestimmen zu können. Der Mensch wird zum *faber sui* berufen, zum Bildhauer seiner selbst:

Endlich beschloß der höchste Künstler, daß der, dem er nichts Eigenes geben konnte, Anteil habe an allem, was die einzelnen jeweils für sich gehabt hatten. Also war er zufrieden mit dem Menschen als einem Geschöpf von unbestimmter Gestalt, stellte ihn in die Mitte der Welt und sprach ihn so an: »Wir haben dir keinen festen Wohnsitz gegeben, Adam, kein eigenes Aussehen noch irgendeine besondere Gabe, damit du den Wohnsitz, das Aussehen und die Gaben, die du selbst dir ausersiehst, entsprechend deinem Wunsch und Entschluß habest und besitzest. Die Natur der übrigen Geschöpfe ist fest bestimmt und wird innerhalb von uns vorgeschriebener Gesetze begrenzt. Du sollst dir deine ohne jede Einschränkung und Enge, nach deinem Ermessen, dem ich dich anvertraut habe, selber bestimmen. Ich habe dich in die Mitte der Welt gestellt, damit du dich von dort aus bequemer umsehen kannst, was es auf der Welt gibt. Weder haben wir dich himmlisch noch irdisch, weder sterblich noch unsterblich geschaffen, damit du wie dein eigener, in Ehre frei entscheidender, schöpferischer Bildhauer dich selbst

zu der Gestalt ausformst, die du bevorzugst. Du kannst zum Niedrigeren, zum Tierischen entarten; du kannst aber auch zum Höheren, zum Göttlichen wiedergeboren werden, wenn deine Seele es beschließt.«
Welch unübertreffliche Großmut Gottvaters, welch hohes und bewundernswertes Glück des Menschen! Dem gegeben ist zu haben, was er wünscht, zu sein, was er will. Die Tiere tragen gleich bei ihrer Geburt aus dem Beutel ihrer Mutter, wie Lucilius sagt, mit sich fort, was sie besitzen werden. Die höchsten Geister waren entweder von Anfang an oder bald danach, was sie bis in alle Ewigkeit sein werden. Im Menschen sind bei seiner Geburt von Gottvater vielerlei Samen und Keime für jede Lebensform angelegt; welche ein jeder hegt und pflegt, die werden heranwachsen und ihre Früchte in ihm tragen. Sind es pflanzliche, wird er zur Pflanze, sind es sinnliche, zum Tier werden. Sind es Keime der Vernunft, wird er sich zu einem himmlischen Lebewesen entwickeln; sind es geistige, wird er ein Engel sein und Gottes Sohn. Wenn er sich nun, mit keinem Los der Geschöpfe zufrieden, ins Zentrum seiner Einheit zurückgezogen hat, wird er, ein Geist mit Gott geworden, in der einsamen Dunkelheit des über allem, stehenden Vaters alles überragen.[107]

Wie aber verhält sich nun die Würde, die Pico dem Menschen zuschreibt und die im Wesenskern eines jeden Menschen veranlagt ist, zur Wunde? Erst einmal ist die Würde immer schon da, auch dann, wenn die Möglichkeit zur Selbstbestimmung nicht gegeben ist. Aber selbst, wenn das der Fall ist, bedeutet das nicht zwingend eine Anerkennung der Würde.

Ein Beispiel mag dies verdeutlichen. In westlichen Gesellschaften sind Menschen mit Behinderung heute gesetzlich gleichgestellt. Sie bekommen ein Grundgehalt und man könnte denken, sie seien damit in ihrer Würde anerkannt. Allerdings muss man feststellen, dass die vermeintliche Anerkennung oft auch eine Einschränkung der Selbstbestimmung beinhaltet. So dürfen viele Menschen mit Behinderung nicht ohne Begleitung das Zimmer verlassen, oft keine Arbeiten im Garten verrichten, Kinder oder Haustiere betreuen, selbstständig kochen, den Bus nehmen oder einkaufen gehen. Die Begründung lautet dann meist, dass dies aufgrund ihrer Situation ein Risiko für sie selbst oder für andere darstelle. Auch Menschen ab einem bestimmten Lebensalter kennen diese Einschränkungen.

Zur Selbstbestimmung gehört aber auch, dass man Risiken auf sich nehmen darf. Dass man zum Beispiel etwas tun darf, das man nicht gut kann oder das man möglicherweise nicht zu einem guten Ende bringen wird. Was die Anerkennung der Würde anbelangt, geht es in erster Instanz darum, dass der Mensch aus sich selbst heraus bestimmt. Selbst wenn dabei die Wunde – auch die primordiale Wunde – offenbar wird, denn die Unzulänglichkeit, die Imperfektion des Menschen wird sich zeigen. Aber genau dann wird das Menschliche im Menschen, dasjenige, was wir miteinander gemeinsam haben, sichtbar. Etwas verfehlen, etwas falsch machen dürfen, wird schon dadurch zu einem Menschenrecht.

Noch deutlicher zeigt sich die fehlende Anerkennung der Würde im Kontext der sogenannten »Migrationskrise«. Menschen auf der Flucht dürfen, wenn sie einmal registriert sind, nicht mehr über sich selbst bestimmen. Auch hier wird das

Argument angeführt, das Risiko sei zu groß. Die Anerkennung ihre Würde wird zeitlich aufgehoben. Solange, bis alle Stufen einer gesetzlichen Anerkennung durchlaufen sind. Wie wäre es, wenn die ganze Prozedur stattdessen mit der Anerkennung der Würde der Geflüchteten beginnen würde – damit wir uns gegenseitig als verwundet begegnen können?

Denn Würde und Wunde sind es, die einen gemeinsamen Boden schaffen, auf dem eine Begegnung stattfinden kann. Erst wenn dieser Boden bereitet ist, kann das »Alle«, das erste Wort aus Artikel 1 der Allgemeinen Erklärung der Menschenrechte, damit beginnen, sich zu verwirklichen.

Würde und Wunde sind das Alpha und das Omega des Wunders unseres ganzen Menschwerdens.

Anmerkungen

1 »Das Geheimnis der Wunde, Aufzeichnungen zum sogenannten Samariterkurs, gehalten von Rudolf Steiner in Dornach vom 13.–16. August 1914«, in: *Beiträge zur Rudolf Steiner Gesamtausgabe,* Heft 108, Ostern 1992 (Nachdruck 1995), S. 1 ff.

2 Nelly Sachs, »Wir alle sind Betroffene [Dankrede zur Verleihung des Meersburger Droste-Preises] (1960)«, in: *Nelly Sachs. Werke. Band IV. Prosa und Übertragungen,* hg. von Aris Fioretos, Berlin 2010, S. 80.

3 Einladung zur 8. Weltweiten Biografie Konferenz, Gut Frohberg (bei Dresden), Käbschütztal, Schönnewitz, Deutschland, 15.–21. Juni 2015, Folder, o. S.

4 Victor Klemperer, *Ich will Zeugnis ablegen bis zum letzten. Band II. Tagebücher 1942–1945,* Berlin 2005, S. 661.

5 Ebd., S. 661 ff.

6 Adina Rieckmann, Interview mit Irina Antonowa, in: *Die Zeit,* 24. Mai 2012.

7 Ebd.

8 Vgl. Michael Bockemühl, »Die Sixtinische Madonna«, in: ders., *Die Wirklichkeit des Bildes. Bildrezeption als Bildproduktion. Rothko, Newman, Rembrandt, Raphael,* Stuttgart 1985, S. 151 ff.

9 Wassili Grossman, »Die Sixtinische Madonna«, in: ders., *Tiergarten. Erzählungen,* Berlin 2008, S. 119.

10 Ebd., S. 120 f.

11 Ebd., S. 122.

12 Ebd.

13 Ebd., S. 122 ff.

14 Vgl. Alexandra Popoff, *Vasily Grossman and the Sovjet Century*, New Haven / London 2019, S. 178.

15 Grossman 2008, wie Anm. 9, S. 125.

16 Ebd., S. 126.

17 Ebd., S. 123.

18 Ebd., S. 130.

19 Gershom Scholem, *Walter Benjamin und sein Engel. Vierzehn Aufsätze und kleine Beiträge*, Frankfurt am Main 1983, S. 14 ff.

20 Erst in jüngerer Zeit wurde entdeckt, dass Paul Klee als Malgrund ein Bild aus dem 19. Jahrhundert verwendete – ein Porträt von Martin Luther nach Lucas Cranach dem Älteren. Es handelte sich also um eine Übermalung und es ist unklar, ob Paul Klee um diesen verborgenen Luther wusste. Benjamin und Scholem war der Sachverhalt wohl unbekannt, da keine schriftlichen Dokumente auf ihn hindeuten.

21 »Man kann, was hier ausfällt, im Begriff der Aura zusammenfassen und sagen: was im Zeitalter der technischen Reproduzierbarkeit des Kunstwerks verkümmert, das ist seine Aura.« Walter Benjamin, *Das Kunstwerk im Zeitalter seiner technischen Reproduzierbarkeit,* Berlin 2013, S. 16.

22 Gershom Scholem, »Gruß vom Angelus«, zit. nach: Boris Friedewald, »Angelus Novus«, in: *Die Engel von Paul Klee,* Köln 2011, S. 43.

23 Walter Benjamin, »Über den Begriff der Geschichte«, in: ders., *Illuminationen. Ausgewählte Schriften,* Frankfurt am Main 1977, S. 255.

24 »Seul peut se dire contemporain celui qui ne se laisse pas aveugler par les lumières du siècle et parvient à saisir en elles la part

de l’ombre.« Giorgio Agamben, *Qu’est-ce que le contemporain?*, Paris 2008, S. 21 (aus dem Französischen übersetzt von der Autorin).

25 Hannah Arendt, *Walter Benjamin,* Paris 2011, S. 12.

26 Scholem 1983, wie Anm. 19, S. 59 ff.

27 Rudolf Steiner, »Das Heraufkommen des Bewußtseins-Impulses. Erster Vortrag, Dornach, 18. Oktober 1918«, in: ders., *Geschichtliche Symptomatologie* (GA 185), Dornach 1982, S. 9 f.

28 Rudolf Steiner, »Die Hygiene als soziale Frage. Öffentlicher Vortrag, Dornach, 7. April 1920«, in: ders., *Physiologisch-Therapeutisches auf Grundlage der Geisteswissenschaft. Zur Therapie und Hygiene* (GA 314), Dornach 1989, S. 259.

29 Nelly Sachs, »Zwischen deinen Augenbrauen«, in: *Nelly Sachs. Werke. Band II. Gedichte 1951–1970,* hg. von Ariane Huml und Matthias Weichelt, Berlin 2010, S. 76.

30 Christine Gruwez, *Zeitgenosse werden. Ein manichäischer Übungsweg,* Basel 2014, S. 59 ff.

31 Ebd., S. 62 ff.

32 Rudolf Steiner, »Das übersinnliche Element in der Geschichtsbetrachtung. Fünfter Vortrag, 26. Oktober 1918«, in: Steiner 1982, wie Anm. 27, S. 106.

33 Vgl. Simone Weil, *Schwerkraft und Gnade,* Berlin 2021, S. 91 ff., und dies., *Pensées sans ordre, concernant l’amour de Dieu,* Paris 2013, S. 55 f.

34 Rudolf Steiner, »Wie finde ich den Christus? Zürich, 16. Oktober 1918«, in: ders., *Der Tod als Lebenswandlung* (GA 182), Dornach 1996, S. 181.

35 Ebd., S. 180 f.

36 Dante Alighieri, »Paradiso, Dreiunddreißigster Gesang«, in: *Die Göttliche Komödie,* ins Deutsche übertragen von Ida und Walther von Wartburg, Zürich 1990, S. 1187.

37 *Michelangelo Buonarroti. Zweiundvierzig Sonette. In der Übertragung von Rainer Maria Rilke,* hg. von Karin Wais, Frankfurt am Main / Leipzig 2002, S. 19.

38 *Das denkende Herz der Baracke. Die Tagebücher von Etty Hillesum 1941–1943,* hg. und eingeleitet von J. G. Gaarlandt, Freiburg / Heidelberg 1983, S. 168.

39 György Konrád, *Geisterfest,* Frankfurt am Main 1986, S. 12.

40 Rudolf Steiner, »Die Zukunft der Menschheitsentwickelung. Die Kulturen der sieben Siegel und der sieben Posaunen. Achter Vortrag, 25. Juni 1908«, in: ders., *Die Apokalypse des Johannes* (GA 104), Dornach 1985, S. 162.

41 »There are no safe places to hide anymore.« Arthur Zajonc in einem Gespräch mit Christine Gruwez, Athen 2009 (nicht publiziert).

42 Hans Achterhuis, »Hans Achterhuis over Hannah Arendts ›Eichmann in Jeruzalem‹«, in: *Trouw,* 29. April 2020.

43 Hannah Arendt, *Eichmann in Jerusalem. Ein Bericht von der Banalität des Bösen,* München 2011, S. 371.

44 Vgl. Bernd Lampe, *Anfortas. Gralssuche und Schicksalserkenntnis. Band 3,* Dürnau 1990, S. 268 ff.

45 Steiner 1982 (GA 185), wie Anm. 32, S. 111.

46 Ebd.

47 Rudolf Steiner, »Kosmogonie. Zweiter Vortrag, 26. Mai 1906«, in: ders., *Kosmogonie* (GA 94), Dornach 2001, S. 23.

48 Steiner 1982 (GA 185), wie Anm. 32, S. 112.

49 Rudolf Steiner, »Der Manichäismus. Berlin, 11. November 1904«, in: ders., *Die Tempellegende und die Goldene Legende* (GA 93), Dornach, 1979, S. 71.

50 Ebd., S. 73.

51 Bernard Lievegoed, *Über die Rettung der Seele. Ein Vermächtnis,* Stuttgart 1993, S. 108.

52 Steiner 1982 (GA 185), wie Anm. 32, S. 111.

53 Rudolf Steiner, *Anthroposophische Leitsätze* (GA 26), Dornach 1982, S. 94 ff.

54 Steiner 1979 (GA 93), wie Anm. 49, S. 74.

55 Ebd.

56 Sophokles, *Antigone*, Ditzingen 2021, Vers 523, S. 26.

57 Steiner 1982 (GA 185), wie Anm. 32, S. 110.

58 Andrej Tarkowskij, »Die Kunst als Sehnsucht nach dem Idealen«, in: *Die versiegelte Zeit. Gedanken zur Kunst, zur Ästhetik und Poetik des Films*, Berlin 2009, S. 60.

59 *Ohne deine Wunde – Wo bliebe deine Kraft? Ein Arbeitsbuch der Elias-Initiativgemeinschaft*, Spijkennisse 2005.

60 Zit. nach: Michael Kirchner, *Von Angesicht zu Angesicht. Janusz Korczak und das Kind*, Hamburg 1997, S. 32.

61 Zit. nach: ebd., S. 99, und Betty Jean Lifton, *Der König der Kinder. Das Leben von Janusz Korczak*, Stuttgart 1993, S. 444.

62 Paul Celan, »... rauscht der Brunnen«, in: *Paul Celan. Gesammelte Werke. Erster Band: Gedichte I*, hg. von Beda Allemann und Stefan Reichert, Frankfurt am Main 1983, S. 237.

63 Joh 20,11-17, zit. nach: Elsbeth Weymann, »Ostern, Maria von Magdala und die zweifache Um-Wendung«, in: dies., *Wege im Buch der Bücher. Ausgewählte Originaltexte der Bibel – neu übersetzt und gedeutet*, Stuttgart 2011, S. 66 f.

64 Steiner 1996 (GA 182), wie Anm. 34, S. 181.

65 Friedhelm Mennekes, *Beuys zu Christus. Eine Position im Gespräch*, Stuttgart 1989, S. 46.

66 Agamben, 2008, wie Anm. 24, S. 21 ff.

67 Vgl. Volker Harlan / Rainer Rappmann / Peter Schata, *Soziale Plastik. Materialien zu Joseph Beuys*, Achberg 1976.

68 Susan Sontag, zit. nach: Ingeborg Breuer, »Verstörende Kraft«, in: *Deutschlandfunk* (Archiv), 11. Februar 2004, https://www.deutschlandfunk.de/verstoerendekraft.700.de.html?dram:article_id=81653 (zuletzt aufgerufen am 15. Februar 2022).

69 Luc Delahaye, »01 July, 1993«, in: *World Press Photo*, https://www.worldpressphoto.org/collection/photo/1994/32997/1/1994-Luc-Delahaye-PN1 (zuletzt aufgerufen am 24. September 2021; aus dem Englischen übersetzt von der Autorin).

70 Novalis, »Geistige Lieder«, in: *Novalis. Werke, Tagebücher und Briefe Friedrich von Hardenbergs. Band 1. Das dichterische Werk, Tagebücher und Briefe,* hg. von Richard Samuel, München/Wien 1978, S. 185 f.

71 Rainer Maria Rilke, »Die Liebe der Magdalena (1912)«, in: ders., *Die drei Liebenden,* Frankfurt am Main 1979, S. 9.

72 Rainer Maria Rilke, »Die Erste Elegie«, in: *Duineser Elegien. Die Sonette an Orpheus,* Frankfurt am Main 1974, S. 11.

73 Mt 5,38-39, zit. nach: *Das Neue Testament. In der Übersetzung von Heinrich Ogilvie,* Stuttgart 2020, S. 17.

74 Zit. nach: Enzo Restagno/Leopold Brauneis, *Arvo Pärt,* Arles/Paris 2012, S. 78 (aus dem Französischen übersetzt von der Autorin und Agnes Dom-Lauwers).

75 Ebd.

76 Virgil Tanase, *Dostoïevski,* Paris 2012, S. 300 (aus dem Französischen übersetzt von der Autorin und Agnes Dom-Lauwers).

77 Steiner 1979 (GA 93), wie Anm. 49, S. 74 ff.

78 Vgl. Joh 14,6.

79 Johann Wolfgang von Goethe, *Das Märchen von der grünen Schlange und der schönen Lilie,* Stuttgart 2011, S. 58.

80 Rainer Maria Rilke, »Archaïscher Torso Apollos« in: *Rainer Maria Rilke. Sämtliche Werke. Erster Band. Gedichte. Erster Teil,* hg. vom Rilke-Archiv in Verbindung mit Ruth Sieber-Rilke, Wiesbaden 1955, S. 557.

81 Arnold Schönberg, »Composition with Twelve Tones«, in: *Style and Idea,* S. 214 f., zit. nach: John Covach, *The Sources of Schoenberg's »Aesthetic Theology«*, http://www.ibiblio.org/johncovach/sources_of_schoenberg.htm (zuletzt aufgerufen am 15. Februar

2022; aus dem Englischen übersetzt von der Autorin und Agnes Dom-Lauwers).

82 Zit. nach: Lev Loseff, *Joseph Brodsky. A literary life,* New Haven/London 2011, S. 109 ff.

83 Vgl. Christine Gruwez, »De Engel naderen«, in: *Dionysius de Areopagiet. Verzamelde Werken,* hg. von Christine Gruwez, Andrew Louth, Ben Schomakers und Jaap Sijmons, Zeist 2015, S. 45 ff.

84 Christine Gruwez, »Über das Schweigen, das höher ist als das Sprechen. Dionysios Areopagita als Wegbereiter«, in: Bastian Baan/Christine Gruwez/John van Schaik, *Urquellen des Christentums. Petrus, Paulus und Johannes,* Stuttgart 2011, S. 182.

85 *Paul Celan. Werke. Tübinger Ausgabe. Der Meridian. Endfassung – Vorstufen – Materialien,* hg. von Berhard Böschenstein und Heino Schmull, Frankfurt am Main 1999, S. 139. Vgl. hierzu auch: Emmanuel Levinas, *Paul Celan. De l'être à l'autre,* Paris 2018, S. 15 ff.

86 *Paul Celan. Dichter ist, wer menschlich spricht,* ein Film von Ullrich H. Kasten und Hans-Dieter Schütt mit Eric Celan und Bertrand Badiou, DVD-Video, Stuttgart (SWR) 2015. Zu dem Zitat vgl. auch Peter Selg, »Nur was Wunde ist, nimmt wahr«, in: *Das Goetheanum. Wochenschrift für Anthroposophie,* Ausgabe 47, 19. November 2020, S. 13 f.

87 Paul Celan, »Ein Auge, offen«, in: *Paul Celan. Gesammelte Werke. Erster Band. Gedichte I,* hg. von Beda Allemann und Stefan Reichert, Frankfurt am Main 1983, S. 187.

88 Paul Celan, »In Mundhöhe«, in: ebd., S. 180.

89 Paul Celan, »Strähne«, in: ebd., S. 92.

90 Vgl. Theodor W. Adorno, »Kulturkritik und Gesellschaft«, in: ders., *Kulturkritik und Gesellschaft I. Gesammelte Schriften. Band 10.1,* hg. von Rolf Tiedemann, Frankfurt am Main 1977, S. 30.

91 Paul Celan, »Ansprache anlässlich der Entgegennahme des Literaturpreises der Freien Hansestadt Bremen«, in: *Paul Celan.*

Gesammelte Werke. Dritter Band. Gedichte III. Prosa. Reden, hg. von Beda Alleman und Stefan Reichert, Frankfurt am Main 1983, S. 185 f.

92 Paul Celan, »Antwort auf eine Umfrage der Librairie Flinker, Paris (1958), in: ebd., S. 167.

93 Vgl. Ralf Wilms, *Das Motiv der Wunde im lyrischen Werk von Paul Celan,* Dissertation, Typoskript 2011, S. 74 f., https://ub-deposit.fernuni-hagen.de/receive/mir_mods_00000095 (zuletzt aufgerufen am 15. Februar 2022).

94 Paul Celan, »STEHEN im Schatten«, in: *Paul Celan. Gesammelte Werke. Zweiter Band. Gedichte II,* hg. von Beda Allemann und Stefan Reichert, Frankfurt am Main 1983, S. 23.

95 Michael Kurtz, *Sofia Gubaidulina. Eine Biografie,* Stuttgart 2001, S. 236.

96 Ebd., S. 24.

97 Ebd., S. 31.

98 Ebd.

99 »Sofia Gubaidulina«, in: *FemBio. Frauen-Biographieforschung,* https://www.fembio.org/biographie.php/frau/biographie/sofia-gubaidulina (zuletzt aufgerufen am 16. Februar 2022).

100 Kurtz 2001, wie Anm. 95, S. 244.

101 Ebd., S. 245.

102 Michael Kurtz, »Die Verwandlung der Zeit für eine in Unordnung geratene Welt«, in: *Das Goetheanum. Wochenschrift für Anthroposophie,* Ausgabe 47, 19. November 2021, S. 8.

103 Novalis 1978, wie Anm. 70, S. 186.

104 Sofia Gubaidulina, zit. nach: Keith Anderson, »About this Recording, in: *Gubaidulina. Seven Words/Silenzio/In Croce,* Begleitheft zur CD, Camerata Transsylvanica, Leitung: György Selmeczi (1995), Naxos 2017 (aus dem Englischen übersetzt von der Autorin).

105 Vereinte Nationen: »Artikel 1«, in: *Resolution der Generalversammlung 217 A (III). Allgemeine Erklärung der Menschenrechte,* https://www.un.org/depts/german/menschenrechte/aemr.pdf, S. 2 (zuletzt aufgerufen am 1. November 2021).

106 Giovanni Pico della Mirandola, *De hominis dignitate. Über die Würde des Menschen,* hg. und eingeleitet von August Buck, Hamburg 1990, S. 3.

107 Ebd., S. 5 ff.

Bibliografie, Bildlegenden und Bildnachweis

Bibliografie

Achterhuis, Hans, »Hans Achterhuis over Hannah Arendts ›Eichmann in Jeruzalem‹«, in: *Trouw*, 29. April 2020

Adorno, Theodor W., *Kulturkritik und Gesellschaft I. Gesammelte Schriften. Band 10.1*, hg. von Rolf Tiedemann, Frankfurt am Main 1977

Agamben, Giorgio, *Qu'est-ce que le contemporain?*, Paris 2008

Alighieri, Dante, *Die Göttliche Komödie*, ins Deutsche übertragen von Ida und Walther von Wartburg, Zürich 1990

Arendt, Hannah

— *Eichmann in Jerusalem. Ein Bericht von der Banalität des Bösen*, München 2011

— *Walter Benjamin*, Paris 2011

Baan, Bastian / Gruwez, Christine / Schaik, John van, *Urquellen des Christentums. Petrus, Paulus und Johannes*, Stuttgart 2011

Benjamin, Walter

— *Illuminationen. Ausgewählte Schriften*, Frankfurt am Main 1977

— *Das Kunstwerk im Zeitalter seiner technischen Reproduzierbarkeit*, Berlin 2013

Bockemühl, Michael, *Die Wirklichkeit des Bildes. Bildrezeption als Bildproduktion. Rothko, Newman, Rembrandt, Raphael*, Stuttgart 1985

Celan, Paul
— *Paul Celan. Gesammelte Werke. Erster Band: Gedichte I,* hg. von Beda Allemann und Stefan Reichert, Frankfurt am Main 1983
— *Paul Celan. Gesammelte Werke. Zweiter Band. Gedichte II,* hg. von Beda Allemann und Stefan Reichert, Frankfurt am Main 1983
— *Paul Celan. Gesammelte Werke. Dritter Band. Gedichte III. Prosa. Reden,* hg. von Beda Alleman und Stefan Reichert, Frankfurt am Main 1983
— *Paul Celan. Werke. Tübinger Ausgabe. Der Meridian. Endfassung – Vorstufen – Materialien*, hg. von Berhard Böschenstein und Heino Schmull, Frankfurt am Main 1999

Das denkende Herz der Baracke. Die Tagebücher von Etty Hillesum 1941–1943, hg. und eingeleitet von J.G. Gaarlandt, Freiburg/Heidelberg 1983

Das Neue Testament. In der Übersetzung von Heinrich Ogilvie, hg. von Friedrich Ogilvie, Christoph Rau und Ollif Smilda, Stuttgart 2020

Delahaye, Luc, »01 July, 1993«, in: *World Press Photo,* https://www.worldpressphoto.org/collection/photo/1994/32997/1/1994-Luc-Delahaye-PN1

Dionysius de Areopagiet. Verzamelde Werken, hg. von Christine Gruwez, Andrew Louth, Ben Schomakers und Jaap Sijmons, Zeist 2015

Einladung zur 8. Weltweiten Biografie Konferenz, Gut Frohberg (bei Dresden), Käbschütztal, Schönnewitz, Deutschland, 15.–21. Juni 2015, Folder

FemBio. Frauen-Biographieforschung, https://www.fembio.org/biographie.php/frau/biographie/sofia-gubaidulina

Friedewald, Boris, *Die Engel von Paul Klee,* Köln 2011

Goethe, Johann Wolfgang von, *Das Märchen von der grünen Schlange und der schönen Lilie,* Stuttgart 2011

Grossman, Wassili, *Tiergarten. Erzählungen*, Berlin 2008
Gruwez, Christine, *Zeitgenosse werden. Ein manichäischer Übungsweg*, Basel 2014
Gubaidulina. Seven Words/Silenzio/In Croce, Begleitheft zur CD, Camerata Transsylvanica, Leitung: György Selmeczi (1995), Naxos 2017
Harlan, Volker/Rappmann, Rainer/Schata Peter, *Soziale Plastik. Materialien zu Joseph Beuys*, Achberg 1976
Lampe, Bernd, *Anfortas. Gralssuche und Schicksalserkenntnis. Band 3*, Dürnau 1990
Levinas, Emmanuel, *Paul Celan. De l'être à l'autre*, Paris 2018
Lievegoed, Bernard, *Über die Rettung der Seele. Ein Vermächtnis*, Stuttgart 1993
Lifton, Betty Jean, *Der König der Kinder. Das Leben von Janusz Korczak*, Stuttgart 1993
Loseff, Lev, *Joseph Brodsky. A literary life*, New Haven/London 2011
Kirchner, Michael, *Von Angesicht zu Angesicht. Janusz Korczak und das Kind*, Hamburg 1997
Klemperer, Victor, *Ich will Zeugnis ablegen bis zum letzten. Band II. Tagebücher 1942–1945*, Berlin 2005
Konrád, György, *Geisterfest*, Frankfurt am Main 1986
Kurtz, Michael
— »Die Verwandlung der Zeit für eine in Unordnung geratene Welt«, in: *Das Goetheanum. Wochenschrift für Anthroposophie*, Ausgabe 47, 19. November 2021, S. 6 ff.
— *Sofia Gubaidulina. Eine Biografie*, Stuttgart 2001
Mennekes, Friedhelm, *Beuys zu Christus. Eine Position im Gespräch*, Stuttgart 1989
Michelangelo Buonarroti. Zweiundvierzig Sonette. In der Übertragung von Rainer Maria Rilke, hg. von Karin Wais, Frankfurt am Main/Leipzig 2002

Novalis. Werke, Tagebücher und Briefe Friedrich von Hardenbergs. Band 1. Das dichterische Werk, Tagebücher und Briefe, hg. von Richard Samuel, München / Wien 1978

Ohne deine Wunde – Wo bliebe deine Kraft? Ein Arbeitsbuch der Elias-Initiativgemeinschaft, Spijkennisse 2005.

Paul Celan. Dichter ist, wer menschlich spricht, ein Film von Ullrich H. Kasten und Hans-Dieter Schütt mit Eric Celan und Bertrand Badiou, DVD-Video, Stuttgart (SWR) 2015

Pico della Mirandola, Giovanni, *De hominis dignitate. Über die Würde des Menschen,* hg. und eingeleitet v. August Buck, Hamburg 1990

Popoff, Alexandra, *Vasily Grossman and the Sovjet Century,* New Haven / London 2019

Restagno, Enzo / Brauneis, Leopold, *Arvo Pärt,* Arles / Paris 2012

Rieckmann, Adina, Interview mit Irina Antonowa, in: *Die Zeit,* 24. Mai 2012

Rilke, Rainer Maria

— *Rainer Maria Rilke. Sämtliche Werke. Erster Band. Gedichte. Erster Teil,* hg. vom Rilke-Archiv in Verbindung mit Ruth Sieber-Rilke, Wiesbaden 1955

— *Duineser Elegien. Die Sonette an Orpheus,* Frankfurt am Main 1974

— *Die drei Liebenden,* Frankfurt am Main 1979

Sachs, Nelly

— *Nelly Sachs. Werke. Band II. Gedichte 1951–1970,* hg. von Ariane Huml und Matthias Weichelt, Berlin 2010

— *Nelly Sachs. Werke. Band IV. Prosa und Übertragungen,* hg. von Aris Fioretos, Berlin 2010

Scholem, Gershom , *Walter Benjamin und sein Engel. Vierzehn Aufsätze und kleine Beiträge,* Frankfurt am Main 1983

Schönberg, Arnold, »Composition with Twelve Tones«, in: *Style and Idea,* S. 214 f., zit. nach: John Covach, *The Sources of Schoenberg's »Aesthetic Theology«,* http://www.ibiblio.org/johncovach/sources_of_schoenberg.htm

Selg, Peter, »Nur was Wunde ist, nimmt wahr«, in: *Das Goetheanum. Wochenschrift für Anthroposophie,* Ausgabe 47, 19. November 2020, S. 6 ff.

Sontag, Susan, zit. nach: Ingeborg Breuer, »Verstörende Kraft«, in: *Deutschlandfunk* (Archiv), 11. Februar 2004, https://www.deutschlandfunk.de/verstoerendekraft.700.de.html?dram:article_id=81653

Sophokles, *Antigone,* Ditzingen 2021

Steiner, Rudolf

— *Anthroposophische Leitsätze* (GA 26), Dornach 1982

— *Die Tempellegende und die Goldene Legende* (GA 93), Dornach 1979

— *Kosmogonie* (GA 94), Dornach 2001

— *Ursprungsimpulse der Geisteswissenschaft* (GA 96), Dornach 1989

— *Die Apokalypse des Johannes* (GA 104), Dornach 1985

— *Der Tod als Lebenswandlung* (GA 182), Dornach 1996

— *Geschichtliche Symptomatologie* (GA 185), Dornach 1982

— *Physiologisch-Therapeutisches auf Grundlage der Geisteswissenschaft. Zur Therapie und Hygiene* (GA 314), Dornach 1989

— »Das Geheimnis der Wunde, Aufzeichnungen zum sogenannten Samariterkurs, gehalten von Rudolf Steiner in Dornach vom 13.–16. August 1914«, in: *Beiträge zur Rudolf Steiner Gesamtausgabe,* Heft 108, Ostern 1992 (Nachdruck 1995), S. 1 ff.

Tanase, Virgil, *Dostoïevski,* Paris 2012

Tarkowskij, Andrej, *Die versiegelte Zeit. Gedanken zur Kunst, zur Ästhetik und Poetik des Films,* Berlin 2009

Vereinte Nationen, *Resolution der Generalversammlung 217 A (III). Allgemeine Erklärung der Menschenrechte,* https://www.un.org/depts/german/menschenrechte/aemr.pdf

Weil, Simone
— *Pensées sans ordre, concernant l'amour de Dieu, Paris* 2013
— *Schwerkraft und Gnade,* Berlin 2021
Weymann, Elsbeth, *Wege im Buch der Bücher. Ausgewählte Originaltexte der Bibel – neu übersetzt und gedeutet,* Stuttgart 2011
Wilms, Ralf, *Das Motiv der Wunde im lyrischen Werk von Paul Celan,* Dissertation, Typoskript 2011, https://ub-deposit.fernuni-hagen.de/receive/mir_mods_00000095

Ausführliche Bildlegenden und Bildnachweis

S. 17: Raffaello Santi, *Sixtinische Madonna*, 1512/13; Öl auf Leinwand, 259,5 × 201 cm; Gemäldegalerie Alte Meister, Staatliche Kunstsammlungen Dresden; Inv.-Nr. Gal.-Nr. 93; Foto: © akg-images

S. 23: Paul Klee, *Angelus Novus,* 1920; Ölpause und Aquarell auf Papier auf Karton, 31,8 × 24,2 cm; Israel Museum, Jerusalem; Gift of Fania and Gershom Scholem, Jerusalem; John Herring, Marlene and Paul Herring, Jo Carole and Ronald Lauder, New York; Accession number B87.0994; Foto: © Heritage Images / Fine Art Images / akg-images

S. 58: Michelangelo Buonarroti, *Vatikanische Pietà,* 1497–99; Marmor, Höhe 174 cm; Basilica di S. Pietro, Città del Vaticano, Roma; Foto: © Manuel Cohen / akg-images

S. 59 (links): Michelangelo Buonarroti, *Pietà Bandini,* 1547–55; Marmor, Höhe 226 cm; Museo dell'Opera del Duomo, Firenze; Foto: © akg-images / Erich Lessing

S. 59 (rechts): Michelangelo Buonarroti, *Pietà Rondanini,* 1552 / 53–64; Marmor, Höhe 1,95 m; Museo d'Arte Antica, Castello Sforzesco, Milano; Foto: © akg-images / Nimatallah

S. 93: Aus: Andrej *Tarkowskij, Nostalghia,* 1983; Schauspieler: Oleg Iwanowitsch Jankowski; Foto: © AJ Pics / Alamy Stock Foto

S. 104: Martin Schongauer, *Noli me tangere,* um 1480; Tempera auf Holztafel, 116 × 87 cm; Dominikaneraltar (Ausschnitt), Musée Unterlinden, Colmar; Foto: © akg-images

S. 114: *Sarajevo Hospital, July 1993*; © Luc Delahaye; Courtesy Galerie Nathalie Obadia, Paris

S. 117: *Roses of Sarajevo* (Ausschnitt); © Francisco Antunes, London (UK), Wikimedia Commons, https://commons.wikimedia.org/wiki/File:Sarajevo_Rose_(3).jpg?uselang=de#filelinks

S. 140: Giorgio Morandi, *Natura morta* (Stillleben), 1943; Öl auf Leinwand, 30 × 45 cm; Privatsammlung Modena; © VG Bild-Kunst, Bonn 2025; Foto: © akg-images / André Held

S. 146: Maria Helena Vieira da Silva, *Villa des Camélias,* 1932; Öl auf Leinwand, 46 × 38 cm; Musée des Beaux-Arts de Dijon, Don de l'artiste en 1982; Inv.-Nr. 1982-70-P; © VG Bild-Kunst, Bonn 2025

S. 149: Maria Helena Vieira da Silva, *Ariane,* 1988; Öl auf Leinwand, 1988, 130 × 97 cm; Privatsammlung Frankreich / Portugal; © VG Bild-Kunst, Bonn 2025; Adagp, Paris, 2023; Foto: BERNARD Jean / Adagp images

S. 163: Sofia Gubaidulina, *Die Sieben Worte,* 1982; Aus: Michael Kurtz, *Sofia Gubaidulina. Eine Biographie,* Verlag Urachhaus, Stuttgart 2003 (2. Auflage), S. 58; mit freundlicher Genehmigung des Musikverlags Hans Sikorski, Hamburg

Der Verlag dankt allen Fotografen, Institutionen und Bildagenturen für die erteilten Reproduktionsgenehmigungen. Sollte trotz intensiver Recherche ein Rechteinhaber nicht berücksichtigt worden sein, bittet der Verlag um Kontaktaufnahme.